Schneider Taschenbuch

Monica Alm
KIKI – FERIEN IM SATTEL

Monica Alm

Kiki

Band 2
Ferien im Sattel

Deutsch von Ursula Dotzler

© 1995 by Franz Schneider Verlag GmbH
Schleißheimer Straße 267, 80809 München
Alle Rechte vorbehalten
© 1972 AB Rune Olausson
Rabén & Sjögren, Stockholm
Originaltitel: PONNYGÄNGER PÅ LÅNGRITT
Übersetzung aus dem Schwedischen: Ursula Dotzler
Illustrationen: Renate Vögel-Cossmann
Titelbild: Dietmar Grosse
Umschlaggestaltung: Claudia Wolfrath
Druck: Presse-Druck Augsburg
Bindung: Conzella Urban Meister, München-Dornach
ISBN 3-505-10196-6

Inhalt

Ein heimlicher Ritt in der Nacht	7
Was fangen wir mit der Belohnung an?	11
Großreinemachen im Ponyklub	18
Wir fassen einen Entschluß	25
Kiki braucht ihre ganze Überredungskunst	31
Hurra, wir gehen auf eine Reittour!	37
Eine Reittour ist kein Picknick-Ausflug	44
Ein glücklicher Tag mit unseren Pferden	50
Lena landet in einem Heuhaufen	59
Wir müssen anfangen zu sparen	65
Ein Glück, daß wir Reservegeld haben!	69
Elisabeth ist spurlos verschwunden	74
Eine aufregende Nacht in der „Grauen Kate"	82
Eine Reittour ist das schönste Abenteuer!	88

Ein heimlicher Ritt in der Nacht

Es war fast Mitternacht. Wir ritten auf unseren Pferden durch den Wald. Der Mond schien bleich vom dunklen Himmel. Es war unheimlich still.

Eigentlich durften wir nicht so spät unterwegs sein, doch meine Eltern waren ausgegangen, und meine Freundin Elisabeth sollte bei mir übernachten. Gegen zehn Uhr, als wir nicht mehr länger vor dem Fernseher sitzen wollten, waren wir auf die Idee gekommen, unsere Pferde aus dem Stall zu holen und den ersten nächtlichen Ausritt unseres Lebens zu unternehmen.

Weder mein eigenes Pony Melissa noch Elisabeths Figaro zeigten sich besonders begeistert über unsere Idee.

Wir trieben unsere Pferde zu einem lebhaften Galopp an. In der stillen Nacht donnerten ihre Hufe über den Boden, und wir ritten so rasch, daß mir der Wind ums Gesicht pfiff. Als wir den Waldrand erreichten, mußten wir unser Tempo verringern, damit uns die Zweige nicht ins Gesicht schlugen.

Etwa eine Stunde lang ritten wir durch den Wald. Die Pferde wurden immer munterer, und ich hatte alle Mühe,

Melissa zu zügeln, da sie am liebsten auf eigene Faust davongaloppiert wäre.

Auf dem Hügel über dem Feld blieben wir stehen und rasteten eine Weile, ehe wir uns auf den Rückweg machten. Der Mond warf seltsame Schatten; Bäume und Büsche ähnelten drohenden Ungeheuern, und die Landschaft sah aus wie die Kulisse eines Gruselfilms.

Plötzlich fuhr ich zusammen. Bewegte sich dort drüben nicht etwas? Ich starrte so angestrengt zum Waldsaum hinüber, daß meine Augen brannten, doch alles war still.

Das Herz klopfte mir bis in den Hals hinauf. Ich hatte den Wunsch, sofort zurückzureiten. „Los, komm jetzt", sagte ich mit leiser Stimme zu Elisabeth.

„Warte noch ein bißchen", erwiderte sie. „Der Mond scheint heute so schön."

„Ich find's hier unheimlich."

„Du hast doch wohl keine Angst?"

„Nein", sagte ich zweifelnd. „Aber ich will jetzt nach Hause."

Langsam begann ich den Hügel hinunterzureiten. Am liebsten wäre ich ja galoppiert, doch ich mußte vorsichtig sein, damit Melissa nicht strauchelte und sich ein Fesselgelenk verletzte. Ich war nun ziemlich ängstlich, versuchte jedoch, ruhig zu erscheinen. Meine Furcht hatte sich allerdings schon auf Melissa übertragen, denn ich merkte, daß sie nervös war.

Wir sind bald wieder im Stall, dachte ich, und beugte mich vor, um mein Pony beruhigend zu streicheln. Doch in diesem Augenblick erklang dicht neben mir ein furchtbarer Schrei! Etwas Schwarzes flog vor uns auf, und ich erschrak so, daß mir fast das Herz stehenblieb.

Melissa fuhr zusammen, stieg kerzengerade in die Luft und wieherte laut. Ich wäre beinahe aus dem Sattel gefallen! Dann stürmte sie vorwärts. Ich zog am Zügel, so fest ich nur konnte, doch es war zwecklos. Sie raste direkt auf den Wald zu, und ich mußte das Gesicht an ihren Hals drücken. Die Bäume zischten nur so vorbei, ein Zweig peitschte gegen meinen Arm, ich kniff die Augen fest zu und gab mir alle Mühe, im Sattel zu bleiben. Noch einmal streifte mich ein dürrer Zweig – da hatten wir den Wald hinter uns gebracht.

Gerade als ich einen Seufzer der Erleichterung ausstoßen wollte, weil ich einigermaßen heil davongekommen war, fiel mir etwas ein, was mich in neuen Schrecken versetzte: die Landstraße!

Melissa galoppierte wie der Blitz dem Stall zu, und um dorthin zu kommen, mußten wir die Landstraße überqueren. Ich zerrte und zog wieder am Zügel, um sie aufzuhalten, hatte jedoch keinen Erfolg.

Wir näherten uns der Gatteröffnung, die einem großen, schwarzen Loch ähnelte. Wenn nur kein Auto kommt! dachte ich immer wieder. Sonst geschieht vielleicht ein furchtbares Unglück! Ich glaube, ich habe mich in meinem ganzen Leben noch nie so gefürchtet.

Plötzlich hörte ich Bremsen kreischen. Mir lief es eiskalt über den Rücken. Jetzt sterbe ich, ging es mir durch den Sinn. Da verlor Melissa das Gleichgewicht und stürzte auf den glatten Asphalt. Alles um mich her kreiste und wirbelte, und ich hörte mich selbst einen Schreckensschrei ausstoßen. In diesem Augenblick war ich überzeugt, daß uns das Auto überfahren hatte.

Doch wie im Traum merkte ich, daß Melissa wieder auf die Beine kam. Vorsichtig hob ich den Kopf und sah einen Wagen direkt neben dem Gebüsch am Straßenrand stehen. Melissa hatte sich aufgerappelt und galoppierte wieder los, den Pfad hinauf, und blieb erst vor dem Stall so unvermittelt stehen, daß ich beinahe abgeworfen wurde. Dann stand sie ganz still da, und ich versuchte, mich ebenfalls nicht zu rühren. Ich blieb nur stocksteif sitzen und fühlte mich wie gerädert.

Meine Knie zitterten. Plötzlich brach ich in Tränen aus.

Ich weiß nicht, wie lange ich so auf Melissas Rücken saß, weinend und zitternd, bis ich Elisabeth endlich in langsamem Galopp näherkommen und ihre Stimme rufen hörte: „Hast du aber Glück gehabt! Sagenhaftes Glück! Das Auto war nur ein paar Meter von dir entfernt!"

Ich nickte bloß und trocknete meine Tränen.

„Ein großer Vogel flog auf und hatte Melissa erschreckt", fuhr Elisabeth fort. „Es muß ein Birkhuhn oder ein Käuzchen gewesen sein."

„Ja, geflogen ist es", sagte ich mit bebender Stimme.

„Figaro wollte Hals über Kopf hinterher, aber ich hab's vor dem Gatter geschafft, ihn zu zügeln. Ich fürchtete schon, du würdest überfahren werden! Als ich das Auto kommen hörte, hab ich die Augen zugemacht und geschrien. Und als ich endlich wieder wagte aufzusehen, galoppierte Melissa schon wie der Teufel auf der anderen Seite der Landstraße dem Stall zu. Du hattest wirklich unheimliches Glück."

Ich seufzte. „Ja, das hatte ich."

„Jetzt lassen wir die Pferde auf die Weide, und dann gehen wir nach Hause und legen uns ins Bett", sagte Elisabeth beruhigend.

Als wir heimkamen, unterhielten wir uns noch eine Weile darüber, wie dumm es ist, in der Dunkelheit auszureiten.

In dieser Nacht konnte ich lange nicht einschlafen.

Was fangen wir mit der Belohnung an?

Am nächsten Morgen erwähnte ich meinen Eltern gegenüber kein Wort von unserem nächtlichen Ausritt. Als ich jedoch zum Reitstall kam, erzählte ich meinen Freundinnen vom Ponyklub haarklein, was passiert war.

Ich mußte die Geschichte so oft wiederholen, daß ich schließlich das Gefühl hatte, als wäre alles schon vor langer Zeit geschehen.

Ja, über Langeweile kann ich mich wirklich nicht in diesen Ferien beklagen. Es sind so viele spannende und aufregende Dinge passiert, die sonst nur in Büchern vorkommen. Zuerst gründeten wir einmal unseren Ponyklub, und dann erlebten wir ein richtig unheimliches Abenteuer, das glücklicherweise sehr gut endete: Unser Klub erhielt nämlich eine hohe Belohnung, weil wir geholfen hatten, zwei Diebe mitsamt ihrer Beute zu fangen. Das mit der Belohnung konnten wir alle miteinander nicht recht glauben, bis Herr Erik eines Tages in unseren Klubraum kam und eine Zahlungsanweisung schwenkte.

„Hier ist Geld für euch, tausend Mark!" sagte er und lächelte über unsere fassungslosen Gesichter.

„Tausend Mark?" wiederholte ich vorsichtig. „Was sollen wir denn mit dem vielen Geld anfangen?"

„Das darfst du mich nicht fragen, Kiki", erwiderte Herr Erik. „Es ist euer Geld, und ihr müßt selbst entscheiden, was ihr damit anfangen wollt."

Herr Erik ist furchtbar nett. Ihm gehört Aspens Reitschule, und er ist ein wirklich großartiger Reitlehrer. Er versteht sich nicht nur auf Pferde, er weiß auch, wie man Reitschüler behandeln muß. In einem Nebengebäude seines Stalles befindet sich unser Klubzimmer.

Ohne Herrn Erik und seinen Reitstall wäre es furchtbar langweilig hier in unserer kleinen Stadt. So aber fehlt mir eigentlich nichts zu meinem Glück, denn ich habe eine Menge zweibeinige und vierbeinige Freunde. Meine besten zweibeinigen Freunde sind im gleichen Alter wie ich, also vierzehn, und gehören alle mit zum Ponyklub. Mein bester vierbeiniger Kamerad aber heißt Melissa – und sie gehört mir ganz allein!

Ich bin nämlich eine von den Glücklichen, die ein eigenes Pony besitzen. Sechs Jahre lang habe ich dafür gespart und geknausert, dann haben meine Eltern mir den Rest geliehen. Aber ich muß ihn erst zurückbezahlen, wenn ich mit meiner Ausbildung fertig bin und selbst Geld verdiene.

Ich habe Melissa selbst zugeritten, und das war alles andere als leicht! Aber es hat uns nicht geschadet – weder mir noch meinem Pony. Nun sind wir ausgezeichnet aufeinander eingespielt.

Doch ich wollte eigentlich nicht von meinem Pferd erzählen, sondern von dem Tag, als Herr Erik im Klubzimmer erschien und uns die Postanweisung übergab.

„Soll ich das Geld für euch in Verwahrung nehmen, bis ihr wißt, wozu ihr es verwenden wollt?" fragte er.

„Ja, danke!" erwiderten wir im Chor.

Herr Erik steckte die Zahlungsanweisung in sein Notizbuch, lächelte uns noch einmal zu und machte sich auf den Weg zur Hindernisbahn.

„Hm", sagte ich schließlich. „Hat jemand von euch einen Vorschlag, wofür wir das Geld ausgeben könnten?"

Alle machten nachdenkliche Gesichter, doch niemand antwortete. So still war es bei einem Treffen des Ponyklubs noch nie gewesen. Sonst lachten wir immer, unterhielten uns laut

Hat jemand einen Vorschlag, was wir mit dem Geld machen?

und diskutierten, doch nun schienen plötzlich alle die Sprache verloren zu haben. Ich sah meine Freundinnen der Reihe nach an. Zu meiner Rechten saß Elisabeth und spielte mit ihren Fingern; auf einer Kiste unter dem Fenster kauerten Ingrid und Lena und starrten zu Boden. Karin stand mit ungewöhnlich ernster Miene neben der Tür. Mitten im Zimmer saßen Anita und Marianne im Türkensitz. Ich selbst hatte mich auf dem einzigen Stuhl des Klubs niedergelassen und versuchte mir etwas Großartiges einfallen zu lassen. Doch ich hatte nicht eine einzige Idee.

„Reißt euch zusammen", sagte ich schließlich. „Vorschläge, wenn ich bitten darf!"

„Wir könnten Eis kaufen", meinte Karin.

„Pah – wo sollen wir denn Eis für so viel Geld unterbringen?" fragte Elisabeth. „Im Stall?"

„Wir könnten einen Kühlschrank für die eine Hälfte des Geldes kaufen und Eis für die andere", schlug Marianne vor.

„Und was tun wir mit dem Kühlschrank, wenn wir das Eis aufgegessen haben?" fragte Ingrid. „Gelbe Rüben und altes Brot?"

„Ich hab's!" rief ich dazwischen. „Wir kaufen ein Fohlen!"

„Ja, hurra!" schrien alle und klatschten in die Hände. „Wir kaufen ein Fohlen!"

Eine Zeitlang redeten wir wild durcheinander, doch plötzlich dämpfte Anita unsere Begeisterung, indem sie sagte: „Vielleicht ist das doch keine so gute Idee."

„Warum?" fragte ich.

„Weil Fohlen die schlechte Angewohnheit haben, zu wachsen und große Pferde zu werden", sagte Elisabeth. „Und wer soll sich um unser Fohlen kümmern, wenn es ausgewachsen ist? Wer soll es reiten? Wem gehört es? Diejenigen unter uns, die schon ein eigenes Pony haben, sind bestimmt nicht erpicht darauf, auch noch ein Siebtel von einem anderen Pferd zu besitzen. Und wir, die wir keine eigenen Pferde haben, fänden es zwar schön, gemeinsam eines zu bekommen, aber das ist wohl doch nicht so ganz gerecht gegen die anderen, oder?"

„Und außerdem könnte es Streit geben, wenn drei von uns gemeinsam ein Pferd reiten und putzen sollen", meinte Marianne. „Wer soll es beispielsweise zureiten? Das können wir ja nicht alle auf einmal tun!"

„Aber wir, die wir eigene Pferde haben, wären damit einverstanden, daß ihr euch in das Fohlen teilt, wenn's erwachsen ist", sagte ich. „Also . . ."

„Das ist nett von dir, Kiki", unterbrach mich Anita. „Aber wir haben das Geld alle miteinander bekommen, und deshalb soll jeder von uns gleich viel davon haben."

„Genau", bestätigte Marianne.

„Als Vorsitzende des Ponyklubs beschließe ich hiermit, daß wir für unser Geld kein Fohlen kaufen!" sagte Elisabeth und schlug mit der Faust auf den Tisch.

„Dann müssen wir uns also etwas anderes ausdenken", seufzte Karin.

Und so saßen wir wieder still da und grübelten.

Wir sind sieben Mädchen im Ponyklub. Vier von uns haben eigene Pferde: Star Dust ist Ingrids Pony, Lena hat Charlie, Karins Pferd heißt Munter und meines natürlich Melissa. Unsere drei anderen Freundinnen haben während des Sommers drei Pferde von der Reitschule gemietet. Elisabeth, die von uns allen die beste Reiterin ist, hat Figaro, Anita reitet auf Filur und Marianne auf Primus.

Wir sind alle gute Freunde, auch wenn es ab und zu mal kleine Reibereien gibt. Weder Ingrid noch Lena, Karin oder ich bilden uns etwas darauf ein, daß wir eigene Ponys haben. Und die anderen, die auf den Pferden der Reitschule reiten, sind auch nicht neidisch auf uns. Das, was uns am meisten interessiert, sind Pferde – und vor allem Ponys; ob man nun selbst eines hat oder nicht, spielt keine große Rolle. Die Hauptsache ist, daß man mit Begeisterung reitet und sich gern um Pferde kümmert, und das tun wir alle.

Ich weiß nicht, wie lange wir so saßen und nachdachten; vielleicht war es eine ganze Stunde. Doch dann stand Elisabeth plötzlich auf.

„Also hört mal", sagte sie, „jetzt gehen wir zu den Pferden. Vielleicht fällt uns bis morgen etwas ein. Kommt jemand von euch mit zur Dressurbahn?"

„Ja, ich", erwiderte Ingrid.

„Ich auch", sagte Lena.

„Ich mache inzwischen ein paar Springübungen", murmelte Marianne.

Karin sagte: „Wir essen heute früher zu Abend. Ich habe

versprochen, rechtzeitig nach Hause zu kommen, deshalb radle ich jetzt los."

„Ich reite in den Wald und springe mit Melissa auf der Geländebahn", beschloß ich.

Als wir zur Weide kamen, um unsere Pferde zu holen, lief mir Melissa entgegen und wieherte zur Begrüßung. Sie drückte ihre weiche Nase gegen meine Wange und sah mich mit erwartungsvollen Augen an.

„Ja, mein Mädel", sagte ich und streichelte sie, „jetzt reiten wir los und verschaffen uns ein bißchen Bewegung."

Ich führte sie von der Weide und ritt ohne Sattel mit ihr zum Stall hinunter. Während ich sie für den Geländeritt fertig machte, blieb sie ruhig stehen. Zuerst kratzte ich ihre Hufe aus, dann legte ich die Trense an. Anschließend sattelte ich sie sorgfältig. Dann klopfte ich Melissas Hals, stieg auf, zog ein letztes Mal am Sattelgurt und ritt zum Wald hinüber.

Die Geländebahn besteht aus einem Feld mit einem Graben in der Mitte und ist von Wald umgeben, so daß man die Hindernisse in der Reihenfolge nehmen kann, wie man gerade Lust hat.

Zuerst wählte ich einen Pfad ohne Hindernis. Der Weg führt einen Abhang hinunter und auf das Feld zu. Wir galoppierten an, und Melissa machte vor Freude einen kleinen Bocksprung. Sie war voller Energie und Übermut. Nachdem wir einmal rund ums Feld geritten waren, lockerte ich die Zügel und ließ sie laufen, wie sie wollte. Sie holte weit aus und schoß vorwärts, daß mir der Wind nur so in den Ohren brauste.

Nach einer Weile war Melissa locker und aufmerksam; ich ließ sie also antraben, und wir näherten uns dem ersten Hindernis. Es bestand aus aufeinandergelegten Baumstämmen, und Melissa nahm es im Trab, wie ich es von ihr verlangte, doch dann konnte ich sie nicht mehr zügeln. Im Galopp sausten wir auf das nächste Hindernis zu – eine Tanne, die quer über dem Pfad lag. Melissa setzte mit einem mächtigen Sprung darüber. Das dritte Hindernis war ein Kreuz aus Birkenstämmen, und es schien mein Pony nicht im geringsten zu beeindrucken, denn es war offenbar der Meinung, es mit einem flachen Sprung bewältigen zu können. Beinahe wäre es schiefgegangen! Ein dumpfes Krachen ertönte, als Melissa mit den Hinterhufen gegen den Stamm schlug, und eine Sekunde lang hielt ich den Atem an. Doch sie schnaubte nur spielerisch und galoppierte seelenruhig weiter.

Nun kam das Hindernis, das mir von der ganzen Geländebahn immer am aufregendsten erschienen war. Ich hatte stets ein etwas unheimliches Gefühl, wenn wir darüberspringen sollten. Es war ein Niedersprung von ungefähr einem Meter und sah wie eine riesengroße Stufe aus. Man kam aus dem Wald darauf zu und landete nach dem Sprung auf dem Feld. Es war wirklich großartig, andere dort springen zu sehen, aber wenn man selbst mit dem Pferd darauf zukam ... Das kitzelte ganz schön im Magen, ähnlich wie beim Achterbahnfahren.

Es ist wichtig, daß das Pferd nicht merkt, wenn ein Reiter etwas unsicher oder ängstlich ist. Statt dessen soll man, wie es in den Lehrbüchern steht, mit „Schnelligkeit und Zielstrebigkeit" springen. Na, es ist leicht, so etwas zu schreiben, aber die Wirklichkeit sieht meistens anders aus.

Doch kneifen wollte ich auch nicht!

Ich biß die Zähne zusammen, und es war, als hätte ich Ameisen im Bauch, doch ich kümmerte mich nicht darum. Ich gab Melissa einen Schenkeldruck und fand mich selbst unglaublich kühn und sicher, voll Schnelligkeit und Zielstrebigkeit. Doch da täuschte ich mich gewaltig!

Als ich ein paar Meter vor dem Niedersprung war und dachte: Jetzt oder nie! hielt Melissa an, ging vorsichtig ein paar Schritte vorwärts, beschnupperte die Kante und – kletterte dann gemütlich den Abhang hinunter!

Ich wußte nicht, ob ich lachen oder böse sein sollte. Eigentlich war ich hauptsächlich böse. Dann beschloß ich, es noch einmal zu versuchen. Wir galoppierten um das Feld, ritten in den Wald, sprangen über das Hindernis aus Baumstämmen, die Tanne und das Kreuz. Es ging schnell, sehr schnell, vor zum Niedersprung, und dort – ein herrlicher Sprung! Und wir landeten perfekt. Ich hatte keinen Augenblick Angst gehabt. Herrlich war das!

Wir wiederholten den Sprung noch einmal, und nun wußte ich, daß er überhaupt nicht schlimm war, sondern richtigen Spaß machte.

Dann fand ich, daß es für heute genug war, ritt mit Melissa zum Stall zurück und sattelte sie ab. Anschließend führte ich sie auf die Weide und streichelte sie zur Belohnung.

Als ich mein Fahrrad vor dem Klubraum abholte, ritten Lena, Ingrid und Elisabeth noch immer auf der Dressurbahn. Ich winkte ihnen zu und rief: „Bis morgen!"

„Aber schlaf nicht bis mittags!" erwiderte Elisabeth.

„Ich komme um neun", versprach ich. „Tschüs!"

„Tschüs!" riefen sie dreistimmig zurück.

Großreinemachen im Ponyklub

An diesem Abend lag ich lange wach und versuchte mir etwas Fabelhaftes einfallen zu lassen, wofür wir unsere Belohnung verwenden konnten. Doch es gelang mir nicht. Wirklich dumm, so was! Da hat man Geld und weiß nicht, was man damit anfangen soll. Wenn man keines hat, gibt es immer tausenderlei Dinge, die man tun oder kaufen möchte.

Am nächsten Morgen erwachte ich um halb acht Uhr und frühstückte allein in der Küche. Papa war schon zur Arbeit gegangen, Mama wusch, und mein Bruder Michael lag noch im Bett und schnarchte so, daß er die Musik im Radio übertönte. Er hat eine unglaubliche Fähigkeit, tagsüber zu schlafen und nächtelang wachzuliegen und seltsame Bücher über Raumschiffe, Eishockeyspieler und andere Absonderlichkeiten zu lesen, von denen ich nichts verstehe. Warum interessieren sich nicht alle Menschen für Pferde? Das ist doch das Schönste, was es gibt!

Um halb neun Uhr war ich fertig. Ich holte mir einen Apfel aus der Speisekammer und steckte ihn in meine Jackentasche, schlich in Michaels Zimmer, zog ihm die Decke weg und rief: „Aufwachen, du Schlafmütze, der Zug fährt gleich ab, und draußen schneit's!"

Doch er wußte meinen Humor nicht zu würdigen, sondern stieß nur ein unverständliches Gebrumm aus, das äußerst bösartig klang; dann steckte er seinen Kopf unters Kissen und fing wieder zu schnarchen an.

Er ist ein hoffnungsloser Fall. Aber vielleicht bessert er sich, wenn er in den nächsten Jahren viel Milch trinkt.

Ich radelte also zum Reitstall. Elisabeth war bereits zur Stelle.

Ich sah ihre rotgestreifte Bluse und ihre ausgewaschenen Jeans schon von weitem. Sie stand allein vor der Stalltür und sah zum Himmel auf.

„Hallo", sagte ich und sprang vom Fahrrad. „Bist du die erste?"

„Nein, ich bin nur rausgegangen, um nachzudenken. Die anderen sitzen im Klubraum und tun das gleiche."

„Was, das gleiche?"

„Nachdenken, natürlich."

„Ach so. Hat schon jemand einen brauchbaren Einfall?"

„Hallo, was machst du denn so allein hier!" rief Kiki

Elisabeth schüttelte den Kopf und fragte mich nach einer Weile: „Hast du eine Idee?"

„Nein, mein Kopf ist wie ein ausgehöhlter Kürbis."

Als wir ins Klubzimmer kamen, verneigte sich Anita tief vor mir. „Guten Morgen, Kiki", sagte sie. „Haben Gnädigste schon ausgeschlafen?"

Ich streckte ihr die Zunge heraus und mußte lachen. „Eines schönen Tages werde ich als erste hier sein!"

„Wer's glaubt, wird selig", sagte Anita. „Hast du einen Vorschlag, was wir mit unserem Geld tun könnten?"

„Nein, leider nicht."

„Ich finde, es hat keinen Sinn, hier herumzusitzen und sich den Kopf zu zerbrechen", meinte Lena. „Wahrscheinlich ist es besser, wenn einfach alles so läuft wie bisher, dann haben wir vielleicht eher einen Geistesblitz. Wenn man sich so anstrengt, kommt überhaupt nichts dabei heraus."

Ich nickte zustimmend.

„Vielleicht hast du recht", erwiderte Elisabeth. „Schließlich haben wir's ja nicht so eilig, unser Geld auszugeben."

Marianne war der gleichen Meinung. „Die tausend Mark verschwinden ja nicht, während wir uns die Sache überlegen."

„Und was sollen wir machen, während wir darüber nachdenken?" fragte ich und zog meine Jacke aus.

„Ich schlage vor, daß wir heute die Pferde waschen und Großreinemachen mit unseren Reitsachen veranstalten", sagte Anita.

Karin seufzte. „Das klingt nicht besonders verlockend."

„Nein, aber notwendig und nützlich ist es", erwiderte Lena.

„Laßt uns also mit frischem Mut den Kampf gegen den Schmutz aufnehmen!" predigte Ingrid mit übertriebener Feierlichkeit. „Volle Kraft voraus, hier kommt der hygienische Ponyklub! Abteilung vorwärts, marsch!"

„Hör auf damit, das erinnert mich an die Turnstunden in der Schule", brummte ich und schnitt eine Grimasse.

„Verdirb uns doch nicht den schönen Tag damit, daß du von der Schule redest!" sagte Karin vorwurfsvoll.

„Heraus mit den Kisten und vor mit den Pferden!" kommandierte Elisabeth.

„Wir müssen zwei Abteilungen bilden", schlug Lena vor. „Ein paar kümmern sich zuerst um ihre Gerätekisten, während die anderen ihre Pferde waschen, und dann tauschen wir. Sonst kommen wir ins Gedränge."

Lena, Anita und ich gingen also zur Weide, um unsere Pferde zu holen. Sie kamen uns sofort entgegen, und wir führten sie langsam zum Stall. Da es länger dauert, eine Kiste voller Reitutensilien in Ordnung zu bringen als ein Pferd gründlich zu säubern, hatten wir keine Eile. Lena ging mit Charlie voraus, dann folgte Anita mit Filur, und zuletzt kam ich mit Melissa.

Das Wetter war ideal für unser Vorhaben. Wenn es draußen kalt ist, können sich Pferde nach der Wäsche leicht erkälten, doch heute war es warm. Es bestand also keine Gefahr, daß sie sich Husten oder Schnupfen holten.

An der Längsseite des Stalles halfterten wir die Pferde an. Dann füllten wir unsere Eimer mit Wasser und machten unsere Ponys richtig naß – vom Kopf bis zu den Hufen. Melissa erschrak anfangs ein wenig. Als sie jedoch merkte, daß die Sache völlig ungefährlich war, stand sie still und genoß es.

Nun kam das Einschäumen an die Reihe. Natürlich gibt es spezielle Pferdeshampoos, doch wir verwenden immer gewöhnliches Haarwaschmittel, weil das billiger ist und die gleiche Wirkung erzielt. Wir schäumten die Pferde also von oben bis unten ein, mit Ausnahme der Köpfe. Es passiert sonst leicht, daß ihnen Shampoo in die Augen kommt, und das brennt höllisch.

„Jetzt werden sie aber schön", sagte Anita.

Ich war die erste, die das Shampoo abzuspülen begann. Das muß sehr sorgfältig gemacht werden, denn wenn Reste davon im Fell zurückbleiben, können die Pferde Juckreiz bekommen. Ist alles Shampoo abgewaschen, so muß man das Pferd in Bewegung halten, bis es trocken ist. Wir gingen also langsam mit Charlie, Filur und Melissa zur Weide hinauf und wanderten zuerst einen großen Bogen außerhalb des Zaunes und dann kreuz und quer über die Weide, bis unsere Ponys völlig trocken waren. Wenn Pferde frisch gewaschen sind, sehen sie wunderschön aus; ihr Fell ist weich und glänzt herrlich. Und das seltsamste ist, daß sie nicht einmal mehr nach Pferd riechen!

Ingrid, Karin, Elisabeth und Marianne waren ebenfalls fertig und warteten schon auf uns, als wir zurückkamen.

„Also, laßt hören, auf was für glänzende Ideen ihr gekommen seid!" rief uns Elisabeth entgegen.

„Ich hab's völlig vergessen", sagte ich.

„Was vergessen?" fragte Karin.

„Was wir mit unserem Geld anfangen sollen, natürlich", erwiderte Ingrid.

„Ach so", murmelte Anita.

„Also?" fragte Elisabeth.

„Nichts", seufzte Lena. „Und ihr?"

„Uns geht's genauso", gestand Ingrid. „So was Dummes, daß uns überhaupt nichts einfällt."

Alle nickten zustimmend.

Eine Weile saßen wir schweigend da. Ich zog meinen Holzpantoffel aus, zeichnete mit der großen Zeh ein Muster in den Sand und versuchte, mir etwas einfallen zu lassen. Doch alles, was mir in den Sinn kam, war Essen.

„Ich hab Hunger", sagte ich plötzlich.

„Soll das heißen, daß wir uns für das Geld etwas zu essen kaufen sollen?" wollte Anita wissen.

Ich schüttelte den Kopf. „Nein, das soll heißen, daß ich jetzt nach Hause radle und etwas gegen meinen Hunger tue."

„Ja, man kann besser nachdenken, wenn man satt ist", stimmte mir Karin zu und stand auf. „Ich gehe auch."

„Ihr seid richtige Vielfraße", sagte Elisabeth. „Ihr denkt immer nur ans Essen."

„Nö, wir denken auch an Pferde", versicherte Karin.

Alle, mit Ausnahme von Ingrid, die ein paar belegte Brote mitgebracht hatte, standen ebenfalls auf, und wir fuhren in verschiedenen Richtungen davon.

Nach einem üppigen Mittagessen, bestehend aus Spaghetti mit Tomatensauce und viel Parmesankäse, war ich die erste, die wieder beim Reitstall eintraf. Ein paar Minuten nach mir kamen auch Lena und Anita, und gemeinsam schleppten wir unsere Materialkisten ins Freie.

Reitsachen säubern – das ist eine merkwürdige Arbeit. Sie ist langweilig und anstrengend, aber auch lustig und angenehm. Ich nahm alle Gegenstände aus meiner Kiste und legte sie ins Gras: Striegelbürste, Sanitätskasten, Decke, Trense, Stirnband, Reitkappe, Gerte, Hufschmiere, Sattelseife, Lederfett, Hufkratzer, Halfter und so weiter. Es wurde ein richtiger Berg.

Wir hatten unsere Reitsachen alle blau und weiß angestrichen; das sind nämlich die Farben unseres Klubs. Das Muster hatte jeder selbst wählen dürfen; so ist eine kunterbunte Mischung aus Quadraten, Dreiecken, Sternen und Streifen daraus geworden. Ich selbst habe kleine weiße Karos auf die Kanten der verschiedenen Gegenstände gemalt und den Rest dunkelblau gelassen, weil es so am einfachsten war. Und es sieht wirklich hübsch aus.

Nach zweieinhalbstündiger Schufterei trafen wir uns alle im Klubraum.

„Ich bin immer so zufrieden mit mir selbst, wenn ich den ganzen Tag saubergemacht habe!" sagte Elisabeth.

„Ja, aber was machen wir mit dem Geld?" erwiderte Karin ein wenig brummig.

„Wir könnten ja unsere Eltern fragen, vielleicht haben die eine brauchbare Idee", meinte Lena.

„Nein, unsere Eltern lassen wir aus dem Spiel", sagte Anita bestimmt. „Wenn wir's geschafft haben, uns das Geld ohne ihre Hilfe zu verdienen, können wir's auch allein wieder ausgeben."

„Sehr richtig!" rief ich.

„Jeder von uns könnte doch heute abend eine Liste mit verschiedenen Vorschlägen machen und morgen mitbringen", meinte Marianne.

„Heute abend tue ich gar nichts mehr", sagte Ingrid aufsässig. „Ich bin nämlich müde."

„Aber wir müssen uns etwas einfallen lassen!" beharrte Marianne. „Wir haben nur noch vier Wochen Ferien."

„Vier Wochen und drei Tage", verbesserte Elisabeth.

Ein nachdenkliches Schweigen folgte. Dann stand Elisabeth auf. „Ich gehe jetzt nach Hause", sagte sie.

„Will keiner von euch reiten?" fragte ich.

„Nein", erwiderten die anderen. „Wir lassen die Pferde heute ein bißchen ausruhen."

Ich hatte zwar vorgehabt, noch auszureiten, doch allein machte es mir keinen Spaß. Also zuckte ich mit den Achseln und ging mit meinen Freundinnen zu den Fahrrädern.

Am Abend sah ich einen traurigen Film im Fernsehen und lag dann noch eine Stunde wach im Bett, sah zur Zimmerdecke und hoffte, daß mir eine phantastische Idee in den Kopf geflogen käme. Doch das einzige, was geflogen kam, war eine Mücke. Um das ekelhafte Summen nicht länger mitanhören zu müssen, zog ich mir die Decke über den Kopf und schlief ein.

Wir fassen einen Entschluß

Es war kurz nach neun Uhr, als ich zum Stall kam. Vor der Tür unseres Klubraumes war fast der ganze Ponyklub versammelt. Nur Karin fehlte noch.

An den düsteren Mienen der anderen merkte ich, daß auch ihnen noch kein Geistesblitz gekommen war.

„Wir setzen also unsere ganze Hoffnung auf Karin", sagte Marianne.

Und gerade da kam Karin angeradelt. Sie schwenkte einen Umschlag und rief etwas, was wir nicht verstanden. Dann sprang sie vom Fahrrad und lief auf uns zu.

„Ich weiß, was wir tun!" keuchte sie. „Seht mal!"

Sie streckte uns zwei Prospekte entgegen.

„Was ist das?" fragte ich.

„Reiseprospekte für Reitferien!" antwortete sie strahlend.

„Woher hast du die?"

„Meine große Schwester war gestern in einem Reisebüro und hat sich Prospekte geholt und mitten unter den ganzen Angeboten für Badeurlaub und Kreuzfahrten waren auch die beiden hier."

Wir rückten dichter zusammen und sahen uns die Sache genauer an.

In der ersten Broschüre ging es um eine Reise nach Israel, wo man nach Cowboyart durchs Land reiten und im Freien übernachten konnte. Der zweite Prospekt pries Reitferien in Ungarn an.

„Na, was sagt ihr jetzt?" fragte Karin schließlich.

„Wir können weder nach Israel noch nach Ungarn fahren", sagte ich. „So eine Reise kostet ja mindestens sechs- oder siebenhundert Mark für eine Person. Und wir sind doch sieben Leute und haben zusammen nur tausend Mark!"

Karin machte ein enttäuschtes Gesicht. „Daran habe ich nicht gedacht."

„Aber eine von uns könnte doch wenigstens fahren", meinte Anita nachdenklich.

„Sollen wir das Los entscheiden lassen?" fragte Ingrid.

„Oder wollen wir einen Reitwettkampf veranstalten, und der Sieger bekommt die Reise?" überlegte Marianne.

„Das wäre ungerecht", erwiderte ich.

Lena stimmte mir zu. „Ich finde, wir sollten alle miteinander etwas von dem Geld haben."

„Aber Reitferien in Israel oder Ungarn, das klingt natürlich ganz prima", sagte Ingrid zu Karin. „Wenn ich erwachsen bin und selbst Geld verdiene, fahre ich bestimmt mal in eines dieser Länder."

„Dann komme ich mit", antwortete Karin lächelnd.

Ich sah Elisabeth an. Sie hatte die ganze Zeit über kein Wort gesagt, hielt den Kopf gesenkt und starrte auf den Boden. Offenbar war sie in tiefes Nachdenken versunken, oder sie träumte vor sich hin.

„Schläfst du?" fragte ich und versetzte ihr einen Puff.

Sie hob den Blick und machte ein ernstes Gesicht.

„Nein, ich schlafe nicht", sagte sie. „Ich habe nachgedacht."

Und dann verfiel sie wieder in Schweigen.

Wir anderen warteten einige Zeit, doch schließlich hielt ich es nicht länger aus. „Worüber hast du denn nachgedacht? Ist dir etwas eingefallen, was wir gemeinsam unternehmen könnten?"

Elisabeth runzelte die Stirn und erwiderte: „Diese Prospekte haben mich auf eine Idee gebracht."

Ich war so neugierig, daß ich fast platzte, und den anderen ging es genauso, doch wir wußten schon, daß es keinen Sinn hatte, Elisabeth zu drängen.

Endlich stand sie auf und sagte: „Ich habe hin und her gedacht, kreuz und quer, vor und zurück – und mir ist nichts eingefallen, was gegen meinen Vorschlag einzuwenden wäre."

Dann war sie wieder still.

„Spanne uns nicht länger auf die Folter!" brummte ich. „Was ist es denn für ein Vorschlag?"

„Ja, heraus mit der Sprache, sonst bringt mich die Neugier um!" rief Marianne.

"Ich schlage vor, wir sollten für acht Tage eine Reittour unternehmen!"

„Immer mit der Ruhe", sagte Elisabeth, setzte sich wieder ins Gras und sah uns nachdenklich an. Dann lächelte sie. „Die Sache ist so", begann sie langsam. „Ich finde, wir sollten eine Reittour unternehmen. Am Montag könnten wir losreiten und acht Tage unterwegs sein, also bis nächsten Montag. Was meint ihr dazu?"

Grabesstille trat ein. Keiner sagte ein Wort.

In meinem Kopf wirbelte es. Acht Tage Reittour – das klang herrlich! Doch was würden unsere Eltern dazu sagen? Würden es die Pferde schaffen? Wo sollten wir übernachten? Wohin sollten wir reiten?

Plötzlich begannen alle durcheinanderzureden.

„Das klingt ja fabelhaft!"

„Wir könnten das Geld für unsere Verpflegung und das Pferdefutter ausgeben!"

„Prima!"

„Au ja, das tun wir!"

„Du bist ein Genie, Elisabeth!"

„Wir fangen sofort zu packen an!"

So begeistert ging es eine Zeitlang weiter, und alle sahen froh und glücklich aus. Doch dann begannen einige von uns nachdenkliche Gesichter zu machen, und bald darauf verstummten die Entzückensrufe.

„Glaubt ihr, daß unsere Eltern uns allein fortlassen?" fragte Marianne kleinlaut.

„Ob unsere Pferde es schaffen, acht Tage unterwegs zu sein?" überlegte Karin.

Und Lena fragte: „Wo sollen wir schlafen, wenn's regnet?"

„Meint ihr, daß wir die Pferde der Reitschule mitnehmen dürfen?"

„Sicher, Herr Erik ist doch immer so nett..."

„Und wie kochen wir unser Essen?"

„Nur keine Aufregung", sagte Elisabeth. „Eines nach dem anderen. Das wichtigste ist erst mal, daß unsere Eltern einverstanden sind. Wir müssen ihnen vor allem klarmachen, daß so eine Reittour gar nicht anstrengend ist. Mehr als sieben, acht oder höchstens zehn Kilometer pro Tag schaffen wir sowieso nicht. Und das bedeutet, daß wir gar nicht so weit von zu Hause entfernt sein werden. Ich meine, wenn irgend etwas passieren sollte, könnten sie uns leicht holen. Wir sollten ihnen auch versprechen, daß wir jeden Tag zu Hause anrufen und erzählen werden, wie es uns geht und wo wir gerade sind."

„Das klingt ja recht einfach", erwiderte Lena zweifelnd. „Aber ich hab das ungute Gefühl, daß meine Eltern nein sagen, sobald sie nur das Wort Reittour hören. Und dann nützt es nichts mehr, ihnen klarzumachen, daß wir zu Hause anrufen und gar nicht so weit weg sein werden..."

„Genauso ist es", seufzte ich. „Wie bringt man Erwachsene dazu, zu begreifen, daß so eine Reittour keine gefährliche Angelegenheit ist?"

„Wir müssen eben einen gemeinsamen Schlachtplan entwickeln, wie wir es unseren Eltern am besten beibringen, damit sie uns die Erlaubnis geben", sagte Elisabeth.

„Du meinst wohl, daß wir alle ungefähr auf die gleiche Art fragen sollen?" erwiderte Elisabeth.

„Aber wenn dieser Schlachtplan nicht bei allen wirkt, was machen wir dann? Wenn beispielsweise fünf von uns reiten dürfen und zwei nicht?" fragte ich.

„Alle müssen mitkommen", sagte Elisabeth. „Sonst gehen wir überhaupt nicht auf Reittour."

„Bravo!" riefen wir alle.

„Gemeinsam oder gar nicht!" verkündete Elisabeth bestimmt.

Ingrid sagte eifrig: „Das könnten wir doch eigentlich zu unserem Wahlspruch machen!"

„Was?" fragten wir.

„‚Gemeinsam oder gar nicht', natürlich", erwiderte sie. „Alle richtigen Klubs haben einen Wahlspruch oder ein Motto."

„Wozu braucht man so was?" erkundigte ich mich.

„Ein Wahlspruch drückt das Ziel eines Klubs aus", erklärte Ingrid. „Bei den Pfadfindern heißt es zum Beispiel: Allzeit bereit. Das weißt du doch wohl?"

Ich nickte.

„Als Vorsitzende des Ponyklubs schlage ich also vor, daß wir ‚Gemeinsam oder gar nicht' zum Wahlspruch unseres Klubs erklären. Seid ihr alle einverstanden?" fragte uns Elisabeth.

„Ja!" riefen wir im Chor.

„Dann ist das beschlossen." Elisabeth schlug mit der Faust auf den Boden.

„Du erschreckst die armen Regenwürmer zu Tode, wenn du so auf der Erde herumtrommelst", kicherte Karin.

„Ich finde, wir sollten unseren Wahlspruch auf ein großes

Plakat malen, das wir an der Wand im Klubraum aufhängen", schlug Ingrid vor.

„Das tun wir, wenn's einmal regnet", erwiderte Elisabeth. „Jetzt müssen wir uns erst mal einen Plan zurechtlegen, wie wir unsere Eltern dazu bringen, uns die Erlaubnis zur Reittour zu geben. Also, paßt mal auf. Wenn wir heimkommen, fangen wir vielleicht am besten so an..."

Kiki braucht ihre ganze Überredungskunst

Beim Abendessen startete ich einen vorsichtigen Angriff auf meine Eltern. Dabei folgte ich genau dem Plan, den wir im Ponyklub unter Elisabeths Anleitung ausgearbeitet hatten.

Ich fühlte mich unsicher und glaubte, man müsse mir meine Nervosität schon von weitem ansehen. Doch meine Eltern und auch mein Bruder Michael schienen es nicht zu merken, daß ich all meinen Mut für das bevorstehende Gefecht zusammennahm.

Nach dem nächsten Fleischklößchen fange ich an, dachte ich und kaute entschlossen an einem Bissen.

„Melissa geht's gut", sagte ich schließlich. „Sie genießt den Sommer so richtig."

„Fein", erwiderte mein Vater.

„Jetzt fängt sie schon wieder an von Pferden zu quasseln!" stöhnte Michael. „Ist denn in deinem Kopf für nichts anderes Platz?"

„Nein, nie im Leben!" sagte ich. „Was Besseres als Pferde gibt es nicht."

Michael begann zu pfeifen, wurde jedoch von Papa zurechtgewiesen.

Plötzlich wußte ich überhaupt nichts mehr. Was sollte ich

jetzt sagen? Was hatten wir ausgemacht? Ach so, jetzt fiel es mir wieder ein!

„Das Gute an Pferden ist ja, daß man im Umgang mit ihnen Verantwortung lernt", sagte ich und begann das letzte Fleischklößchen zu vertilgen.

„Mit vollem Mund spricht man nicht", brummte Michael.

„Ich finde, durch Melissa bin ich erwachsener geworden", fuhr ich fort. „Meint ihr nicht?"

„Doch", antwortete Mama. „Das Pony ist sicher gut für dich."

„Wenn man sich um ein Pferd kümmert, lernt man ständig etwas dazu", deklamierte ich weiter.

Mein Vater nickte.

„Schlamperei gibt's nicht, wenn man Verantwortung für ein Pferd trägt", sagte ich ruhig, obwohl ich innerlich vor Aufregung zitterte.

Mama lächelte mir zu.

„Und durch jede neue Situation sammelt man Erfahrung", behauptete ich feierlich.

„Freilich, das ist selbstverständlich", bestätigte Papa.

„Also muß ich dauernd neue Erfahrungen machen, um größere Verantwortung sowohl für mein Pferd als auch für mich tragen zu können", fügte ich ernst hinzu.

Meine Eltern sahen mich verwundert an, und Michael machte ein neugieriges Gesicht. Ich holte tief Luft und sagte: „Jetzt muß ich also bald eine ganz neue Erfahrung machen, um mein Verantwortungsbewußtsein richtig zu stärken."

Ich hatte selbst den Eindruck, daß das steif und gekünstelt klang, doch anders konnte ich es nicht ausdrücken.

„Es ist doch gut, daß ich mich weiterentwickle?" fragte ich.

„Sehr gut", versicherte Papa.

„Wir sind froh, daß du soviel Verantwortungsbewußtsein hast", sagte Mama.

Michael schnitt eine Grimasse. Ich schenkte ihm jedoch keine Beachtung, sondern fuhr fort: „Ihr habt doch wohl nichts dagegen, daß ich es lerne, für mich und mein Pferd selbst zu sorgen?"

„Nein, durchaus nicht", sagte Papa. „Mach nur weiter so."

„Deine Liebe zu Pferden gefällt Papa und mir wirklich, und wir tun alles, um dich dabei zu unterstützen", fügte meine Mutter hinzu.

Jetzt, dachte ich, ist der richtige Augenblick gekommen!

„Dann habt ihr doch sicher nichts dagegen, wenn ich die Verantwortung für mich und Melissa eine Woche lang Tag und Nacht ganz allein übernehme?" sprudelte ich hervor und war vor angstvoller Erwartung wie gelähmt.

Es wurde ganz still im Eßzimmer. Mama sah Papa an, und Papa machte ein überraschtes Gesicht. Michael musterte mich verdutzt. Ich versuchte fröhlich zu lächeln, doch es gelang mir wohl nicht besonders gut. Eigentlich wäre ich am liebsten aufgestanden und aus dem Zimmer gestürzt. Doch ich schaffte es, sitzen zu bleiben, indem ich mich so fest an die Tischkante klammerte, daß meine Finger mir weh taten.

„Was soll das heißen?" fragte Mama schließlich.

„Und was soll daran so gut sein, daß du eine Woche mit Melissa allein verbringst?" warf mein Vater ein.

„Das ist doch ganz einfach", sagte ich. „Wenn ich mit Melissa eine ganze Woche lang Tag und Nacht beisammen bin, jede Stunde, lerne ich, mich ganz selbständig um alles zu kümmern. Ich werde mehr Verantwortung haben und bekomme mehr Selbstsicherheit – und das ist doch gut, oder nicht?" fügte ich mit nervösem Zittern in der Stimme hinzu.

„Willst du die ganze Zeit im Reitstall wohnen?" fragte Mama.

Ich schüttelte den Kopf. „Nein. Ich möchte auf Reittour gehen."

Als das heraus war, fühlte ich mich plötzlich wieder ruhig. All meine Aufregung verschwand mit dem Zauberwort „Reittour". Nun konnte ich auf ihre Antwort warten – ja oder nein.

„Reittour?" wiederholte Mama verwundert.

„Wollt ihr nachts reiten?" fragte Michael.

„Nein", erwiderte ich. „Wir werden..."

„Halt, halt!" unterbrach mich Papa. „Was stellst du dir eigentlich unter einer Reittour vor? Und wer soll mit von der Partie sein?"

„Ja, das ist nämlich so", erwiderte ich und erzählte meiner Familie die ganze Geschichte von Anfang an – welche Schwierigkeiten es uns bereitet hatte, einen guten Verwendungszweck für unser Geld zu finden, und wie uns schließlich doch etwas eingefallen war. Ich sagte ihnen auch, daß die Reittour, die wir planten, weder lang noch anstrengend wäre. Außerdem versprach ich, daß wir jeden Tag zu Hause anrufen würden, und abschließend erklärte ich noch, daß alle Mitglieder des Ponyklubs mitmachen wollten. Natürlich vergaß ich auch nicht, darauf hinzuweisen, daß es sowohl für uns Mädchen als auch für die Pferde eine nützliche und großartige Erfahrung wäre, ganz allein zurechtkommen zu müssen.

Als ich zu reden aufgehört hatte, sagte keiner ein Wort.

Ich musterte meine Eltern vorsichtig; weder mein Vater noch meine Mutter sahen übermäßig besorgt aus. Bestand vielleicht wirklich Hoffnung, daß ich Erlaubnis erhielt, auf Reittour zu gehen? Ich warf Michael einen Blick aus den Augenwinkeln zu. Er sah mich eine Weile ernst an; dann zwinkerte er mir plötzlich aufmunternd zu. Ich lächelte schnell zurück, ehe ich meine volle Aufmerksamkeit wieder meinen Eltern zuwandte.

Papa räusperte sich ein paarmal und sagte: „Du bist also jetzt vierzehn Jahre alt."

"Und ihr wollt eine Woche lang allein zurechtkommen?"

„Ich bin über vierzehn", verbesserte ich mit leiser, aber fester Stimme. „Im Winter werde ich fünfzehn."

„Nun wollen sieben Mädchen eine Woche lang ganz allein zurechtkommen", bemerkte Mama nachdenklich.

„Sieben Mädchen mit sieben Pferden, jawohl."

„Und was ist mit denen, die keine eigenen Ponys haben?" fragte Michael. „Bekommen sie sie von der Reitschule geliehen?"

„Das ist bestimmt keine Schwierigkeit", erwiderte ich und versuchte, meiner Stimme einen zuversichtlichen Klang zu verleihen. Ich wollte gar nicht daran denken, wie furchtbar es sein würde, wenn alle Eltern ihre Einwilligung geben und Herr Erik sich schließlich weigern würde, Figaro, Filur und Primus an Elisabeth, Anita und Marianne zu verleihen.

„Was tut ihr, wenn euch jemand überfällt?" fragte Mama.

Ich erwiderte lächelnd: „Wer soll wohl sieben Reiterinnen überfallen?"

„Was macht ihr, wenn eine von euch krank wird?" wollte Papa wissen.

„Dann rufen wir gleich zu Hause an."

„Und wenn ein Pferd sich verletzt, was ist dann?" fragte Michael.

„Dann reiten ein paar von uns zum Reitstall zurück und bitten Herrn Erik, mit dem Transportauto zu kommen."

„Aber was eßt ihr? Und woher bekommt ihr Futter für eure Pferde?"

Ich erwiderte: „Das ist nicht so schwierig, Papa. Wir nehmen ganze Mengen belegte Brote mit und kaufen uns unterwegs heiße Würstchen und solche Sachen. Und es gibt doch überall Bauern, die bestimmt nichts dagegen haben, wenn wir die Pferde auf ihren Weiden grasen lassen."

„Wo wollt ihr übernachten?" fragte Mama besorgt.

„In Schlafsäcken unter den Bäumen", erwiderte ich. „Oder in Heuschobern."

„Aber wenn es regnet?"

„Wenn das Wetter zu schlecht ist und wenn's zu sehr schüttet, kehren wir um und reiten heim", versprach ich. „Ihr glaubt doch wohl nicht, daß es uns Spaß macht, triefnaß durch die Gegend zu zockeln?"

„Können wir uns darauf verlassen?"

„Ja, das könnt ihr! Wir wollen euch ja beweisen, daß wir für uns selbst und die Pferde sorgen können. Das ist doch der Sinn unserer ganzen Reittour!"

„Aber ist das nicht ein bißchen leichtsinnig, wenn so junge Mädchen eine Woche lang allein unterwegs sind?" seufzte Mama.

„Ihr habt doch zuerst selbst gesagt, daß es gut ist, wenn wir mehr Verantwortung lernen", sagte ich. „Und eine Reittour ist eine ausgezeichnete Gelegenheit zu beweisen, daß wir allein mit allem zurechtkommen! Wenn man dreißig ist, ist's ja nichts Besonderes, so etwas zu unternehmen – jetzt, in unserem Alter, lernt man etwas dazu!"

„Aber wie du die Verantwortung für Melissa hast, tragen wir auch die Verantwortung für dich", wandte meine Mutter ein.

„Ich weiß", sagte ich und war schrecklich froh, daß meine Eltern nicht sofort nein gesagt hatten.

„Morgen beim Frühstück erfährst du, wozu wir uns entschlossen haben", sagte mein Vater schließlich.

Als ich im Bett lag, kam es mir vor, als wäre es noch unendlich lange bis zum nächsten Tag. Wie sollte ich schlafen können, so unruhig und aufgeregt wie ich war?

Ein paarmal stand ich wieder auf, schlich aus meinem Zimmer und lauschte an der Wohnzimmertür, um zu hören, was meine Eltern über die geplante Reittour sagten. Doch ich vernahm nur undeutliches Gemurmel.

Es war schon spät, als ich mir endlich die Decke über den Kopf zog. Ich hielt die Daumen, so fest es ging, und mormelte vor mich hin: „Hoffentlich sagen sie ja, sie müssen ja sagen..."

Hurra, wir gehen auf eine Reittour!

Ich hatte das Gefühl, vor Glück zu platzen! Wie ein Irrwisch raste ich in den Garten, schlug einen Purzelbaum auf dem Rasen, sauste in die Küche zurück und aß in Rekordzeit einen Teller Corn-flakes mit Milch leer. Dann schwang ich mich wie ein Rennfahrer aufs Fahrrad und fuhr freihändig die Straße zum Reitstall entlang.

Meine Mutter hatte mir nämlich vor einer Viertelstunde eröffnet, daß ich die Reittour mitmachen dürfe!

Als sie das sagte, war ich vor Freude ganz wirr im Kopf und wäre beinahe vom Stuhl gefallen.

„Aber denk daran", hatte sie hinzugefügt, „daß jeden Tag eine von euch zu Hause anrufen muß, damit wir Bescheid wissen, wie es euch geht!"

Ich fiel ihr um den Hals. „Natürlich, Mama – und vielen, vielen Dank!"

Als ich so auf dem Fahrrad dahinsauste, war ich vor Begeisterung wie beschwipst und hatte völlig vergessen, daß ja alles davon abhing, ob der ganze Ponyklub die Erlaubnis bekam, mitzureiten. Falls auch nur eine nicht mit auf Reittour durfte, fiel ja alles ins Wasser! Wir mußten doch unserem Wahlspruch treu bleiben: Gemeinsam oder gar nicht! Dieser furchtbare Gedanke traf mich wie ein Blitz, als ich auf den Kiesweg zum Stallhügel einbog, und vor Schreck wäre ich beinahe ins Gebüsch gefahren. Wie fürchterlich, wenn die Eltern von irgend jemandem nein gesagt haben! Was sollten wir dann tun, um sie zu überreden? Schimpfen? Weinen?

Pfui Teufel, es lief mir eiskalt über den Rücken, während ich im Leerlauf langsam zum Stall hinunterrollte. War ich als erste gekommen?

Ich sprang vom Fahrrad und schob es die letzten Meter. Gerade als ich den Stall erreichte, kam es mir vor, als hörte ich laute Stimmen. Ich schlich vorwärts, lehnte mein Rad an die Mauer und lauschte angestrengt. Die Geräusche kamen aus dem Klubraum. Waren es Jubelrufe oder war es Jammergeschrei?

Ich drehte mich um und zählte die Fahrräder. Eins, zwei, drei, vier, fünf, sechs – und dazu noch meines. Ich war also die letzte. Während ich mich dem Klubraum näherte, wurde das Geschrei immer lauter – und es waren Jubelrufe! Ich vollführte einen Luftsprung, stürzte auf die Tür zu und riß sie auf.

Meine Freundinnen vom Ponyklub tanzten durchs Zimmer – also war alles in Ordnung! Jede einzelne hatte die Erlaubnis für die Reittour bekommen! Ich war vor Freude wie gelähmt, blieb stocksteif stehen und sagte kein Wort. Da verstummte das Geschrei und Gelächter, und die anderen starrten mich an. Ich war so verdutzt über die plötzliche Stille, daß ich einfach nur zurückstarrte.

So standen wir einander längere Zeit gegenüber. Schließlich seufzte Elisabeth und sagte: „Ach so, Kiki, du darfst also nicht mitreiten. Schade!"

„Wie bitte?" erwiderte ich verwirrt.

„Du bist ja so still und siehst so traurig aus ..."

„Tu ich das?"

„Jawohl!"

Da begann ich zu lachen. Ich lachte so, daß mir der Bauch weh tat, und mußte mich auf den Boden setzen.

Alle sahen mich verständnislos an.

„Sie ist übergeschnappt", sagte Karin.

„Wir schütten ihr einen Eimer Wasser über den Kopf, damit sie sich wieder beruhigt", schlug Lena vor.

„Nein, nein!" stöhnte ich zwischen den Lachanfällen. „Schüttet mir bloß kein Wasser über den Kopf!"

„Sie hat die Lachkrankheit", stellte Ingrid fest.

Ich raffte mich auf, wischte mir die Tränen aus den Augen und sagte: „Jetzt hört mir mal zu!"

„Willst du uns jetzt eine andere Sorte von Lachsalven vorführen?" fragte Marianne.

Ich schüttelte den Kopf. „Ich wollte nur sagen, daß ich die Erlaubnis bekommen habe, mit auf Reittour zu gehen!"

Schlagartig wurde es mucksmäuschenstill im Klubraum.

„Sag das noch einmal", bat Elisabeth nach einer Weile.

„Ich habe die Erlaubnis bekommen, mit auf Reittour zu gehen."

Da brach der Spektakel los!

Alle Mädchen des Ponyklubs lachten und schrien vor Begeisterung: „Hurra! Hurra!"

Als wir uns alle wieder beruhigt hatten, setzten wir uns um den Tisch, und Elisabeth als Vorsitzende ergriff das Wort.

„Wir dürfen also alle an der Reittour teilnehmen. Das ist einfach fabelhaft. Jetzt müssen wir uns aber überlegen, wohin wir reiten wollen. Hat jemand einen Vorschlag?"

„Wir reiten zum Bergsee", sagte Marianne.

„Nein, ich finde den Nordwald besser", wandte Karin ein. „Dort ist ausgezeichnetes Gelände zum Reiten!"

„Meiner Meinung nach wäre Borgheim ein gutes Ziel", rief ich dazwischen. „Da gibt's prima Weiden."

„Das Birkental ist am schönsten!" schrie Lena.

„Warum reiten wir nicht zur Küste?" fragte Ingrid.

„Was sollen wir denn am Meer tun? Wir haben doch keine Seepferde!" sagte Elisabeth.

„Borgheim ist am besten", behauptete ich.

„Nein, Birkental!"

„Zum Bergsee!"

„Pah, nur auf Waldwegen reiten, das ist doch langweilig!"

„Ans Meer!"

„Der Weg dorthin ist doch asphaltiert, da fahren viel zu viele Autos!"

So ging es über eine Stunde lang weiter. Wir konnten uns nicht einigen. Wir diskutierten und argumentierten und schimpften. Keine wollte nachgeben.

Schließlich sagte Elisabeth ernst: „So geht's nicht weiter! Wir müssen in aller Ruhe darüber reden, sonst geraten wir uns vielleicht noch in die Haare und werden böse aufeinander. Und was sollen dann unsere Eltern von uns denken?"

„Das stimmt", erwiderte Anita. „Jetzt hören wir auf, uns wie quengelnde Kinder zu benehmen, und fassen einen Beschluß."

„Ich finde, wir sollten nach ...", begann ich und verstummte dann.

„Blödsinn!" sagte Elisabeth. „Ich gehe jetzt zu Herrn Erik und frage ihn, ob er uns helfen will, eine richtige Route festzulegen. Er weiß am besten, wieviel die Pferde schaffen können und wo die günstigsten Reitwege sind. Hat jemand etwas dagegen, daß wir ihn um Rat bitten?"

„Nein!" riefen wir im Chor.

Elisabeth verschwand aus dem Klubraum und kam bald darauf mit Herrn Erik zurück. Er setzte sich zu uns an den Tisch, und jede einzelne von uns erklärte ihm der Reihe nach, welches Ziel sie für das beste hielt. Er hörte genau zu, und als alle sieben Mädchen des Ponyklubs ihre Meinung gesagt hatten, saß er eine Weile still da und überlegte. Dann zog er eine Landkarte aus seiner Jackentasche und sagte: „Ich lege jetzt diese Karte auf den Tisch und zeichne euch den Weg ein, der mir für eine Reittour von ungefähr acht Tagen am günstigsten erscheint. Und wenn ihr genau zuseht, werdet ihr merken, daß die meisten Orte, die ihr vorher genannt habt, auf dieser Route liegen."

Mit einem Rotstift zeichnete er eine Schlangenlinie auf die Karte, die bei Aspens Reitschule begann, über ein paar Äcker und Wiesen zum Bergsee führte, von da zum Birkental und über Waldwege hinüber zur Großen Mühle. Von der Großen Mühle ging sein Weg über einige kleine Berge hinunter nach Borgheim, anschließend durch Wälder und über hügeliges Gelände nach Altdorf und von dort aus zu einem verlassenen Hof, der „Graue Kate" hieß.

„Und von der ‚Grauen Kate', wo ihr übernachten könnt, geht's direkt wieder zurück nach Aspen", sagte Herr Erik.

*„Und falls euch Gespenster begegnen,
wißt ihr ja mit ihnen fertig zu werden!"*

„Sollen wir wirklich dort übernachten?" fragte Anita.

„Ja, warum nicht? Ihr habt doch wohl keine Angst, daß es da spukt?" erwiderte Herr Erik und lächelte uns an.

„Nein, nein!" versicherten wir eilig.

„Und falls wider Erwarten doch ein paar Gespenster dort auftauchen sollten, wißt ihr ja, wie man mit ihnen fertig wird, oder nicht?"

„Genau!" erwiderten wir lachend.

„Ihr könnt die Karte behalten und euch die Route genauer ansehen", sagte Herr Erik und stand auf. „Ich bin selbst schon auf sämtlichen Wegen dieser Strecke geritten. Der Vorteil an ihnen ist, daß sie so abwechslungsreich sind. Manchmal hügelig, manchmal flach, und immer wieder Dickicht und Wälder. Dazwischen gibt's überall schöne Wiesen, genügend Bäche und kleine Seen, in denen ihr euch selbst und eure Pferde abkühlen könnt."

„Herr Erik – dürfen wir mit den Pferden, die wir heuer für den Sommer gemietet haben, auf Reittour gehen?" warf Elisabeth scheu ein.

Er lachte. „Selbstverständlich dürft ihr das! Wie könntet ihr denn sonst mitmachen? Ihr bezahlt ja Miete für die Pferde, und ich weiß, daß ihr euch um sie kümmert, wie sich's gehört, und gute Reiterinnen seid. Ich wünsche euch also viel Glück! Denkt nur daran, daß ihr eure ganze Ausrüstung noch einmal kontrollieren müßt, ehe ihr startet. Und vergeßt nicht, einige Sachen in Reserve mitzunehmen. Wann reitet ihr los?"

„Ich dachte, Montag wäre am besten", erwiderte Elisabeth. „Was meinen die anderen dazu?"

Wir nickten zustimmend.

„Das ist gut, dann habt ihr noch ein paar Tage für die Vorbereitungen Zeit. Wollt ihr, daß ich bei einigen Bauern anrufe, an deren Höfen ihr vorbeikommt? Es ist sicher besser, wenn sie schon vorher wissen, daß ihr auf ihrem Grund übernachten wollt."

„Au ja, das wäre prima. Vielen Dank!"

„Also, dann übernehme ich das. Jetzt muß ich wieder an die Arbeit. Tschüs dann."

„Tschüs! Und tausend Dank für Ihre Hilfe!"

Herr Erik ging, und wir steckten die Köpfe über der Landkarte zusammen und studierten die geplante Route. Alle waren mit dem Vorschlag zufrieden – vielleicht mit Ausnahme von Ingrid, da wir nicht in die Nähe des Meeres kamen.

„Pah, ich pfeif auf das Meer!" sagte sie jedoch schließlich.

„Fein, du bist ein guter Kamerad."

„Sollen wir gleich eine Aufstellung über die Ausrüstung und alle anderen Sachen machen, die wir mitnehmen müssen?" schlug Lena vor.

Ich schüttelte den Kopf. „Nein, ich finde, wir gehen jetzt zu unseren Pferden und kümmern uns morgen um unser Gepäck", sagte ich.

Elisabeth warf ein: „Vielleicht sollte sich jeder von uns die verschiedenen Orte aufschreiben, die auf unserer Route liegen, damit wir unseren Eltern heute abend Bescheid geben können. Und dann sagen wir auch, daß Herr Erik den Weg vorgeschlagen hat, damit sie sich keine Sorgen machen."

Wir rissen sieben Blätter aus dem Notizblock, den Anita unter ihren Reitsachen in der Kiste hatte.

Da wir nur zwei Kugelschreiber besaßen, dauerte es einige Zeit, bis jeder sich die Stationen unserer Reittour aufgeschrieben hatte. Als wir damit fertig waren, gingen wir zu unseren Pferden.

Melissa sah mir schon erwartungsvoll entgegen. Es war, als wüßte sie, daß etwas Besonderes vorgefallen war. Sie schmiegte sich dicht an mich, und ich streichelte sie und sagte: „In ein paar Tagen gehen wir auf Abenteuer. Über eine Woche lang werden wir Tag und Nacht beisammen sein, jede Minute. Ach, Melissa, das wird herrlich, nicht?"

Sie sah mich eine Weile nachdenklich an, und dann wieherte sie zufrieden!

„Du bist das beste Pferd auf der ganzen Welt", sagte ich und umarmte sie lange.

Eine Reittour ist kein Picknick-Ausflug

Eigentlich war es unglaublich, daß wir alle Hindernisse überwunden hatten! Manchmal sagten wir zueinander: „Es kann nicht wahr sein! Bestimmt wachen wir gleich auf und entdecken, daß wir alles nur geträumt haben."

Doch dann kniffen wir uns gegenseitig in den Arm – und stellten begeistert fest, daß es doch Wirklichkeit war.

Herr Erik gab uns einen Tip, wie wir unsere Pferde tränken konnten, wenn wir an einen Ziehbrunnen kamen, ohne daß wir Eimer mitschleppen mußten. Wir nahmen gewöhnliche Plastiktüten, füllten sie mit Wasser und ließen die Pferde daraus trinken. Anfangs schauten sie ein bißchen mißtrauisch drein, doch nach vier oder fünf Versuchen hatten sie nichts mehr dagegen, ihren Durst aus diesen seltsamen Gefäßen zu löschen. Und das war wirklich prima, denn Plastiktüten nehmen ja keinen Platz ein.

In vier Tagen wollten wir losreiten. Vom frühen Morgen bis zum späten Abend waren wir nun damit beschäftigt, Listen aufzustellen, unsere Ausrüstung durchzusehen und genau festzulegen, was wir selbst brauchen würden. Sehr bald schon begriffen wir, daß wir unser Packgewicht so niedrig wie möglich halten mußten.

„Lederfett, Schmierlumpen und solche Sachen nehmen wir nicht mit", sagte Anita. „Es genügt, wenn wir alles auf Hochglanz bringen, ehe wir losreiten."

„Aber Bürsten, Hufkratzer und Schwämme brauchen wir unterwegs", erwiderte ich.

Elisabeth stimmte mir zu. „Wenn man einen langen Ritt vor sich hat, ist es am wichtigsten, daß die Pferdehufe gepflegt werden", bestätigte sie und polierte energisch einen Lederriemen.

Nach langem Hin und Her, was auf einer Reittour notwendig ist und was nicht, einigten wir uns schließlich darauf, daß alle ungefähr die gleiche Ausrüstung mitnehmen sollten. Jeder brauchte einen Rucksack, Packtaschen, Schlafsäcke oder Decken, die hinter dem Sattel aufgeschnallt werden sollten, und dazu eine Schultertasche. Im Rucksack, den Packtaschen und der Schultertasche war Platz für ein zweites Paar Hosen, einen Pullover, einen dünnen Regenmantel, Unterwäsche und Strümpfe, Plastikteller und Besteck, Büchsenöffner, Waschsachen, Toilettenpapier, Pflaster, Mückenspray, Nadel und Faden, Schnur, Sicherheitsnadeln, Badeanzug, eine Plastikhaut zum Zudecken, falls es regnen sollte, Notizblock, Kugelschreiber, ein paar Konservendosen und Hartwurst. Die Ausrüstung für die Pferde sollte aus Sattel, Trense und Halfter bestehen; dazu für jedes Pony zusätzliche Hufeisen und Hufnägel, eine Bürste, Hufkratzer und Schwamm. Außerdem brauchten wir für alle Pferde gemeinsam eine Reiseapotheke, zusätzliche Sattelgurte, Steigbügelhalter und Riemen.

Ein großes Problem war die Verpflegung. Anita, Marianne, Ingrid und Karin wollten unbedingt, daß wir uns täglich warmes Essen kochten, doch Lena, Elisabeth und ich protestierten dagegen, da wir es für eine unnötige Belastung hielten.

„Eine Reittour ist kein Picknick-Ausflug!" sagte ich.

„Wenn man nicht ordentlich ißt, kann man nicht reiten", wandte Anita ein.

„Man kann auch mal eine Zeitlang ganz gut mit kaltem Essen auskommen", behauptete ich.

„Stellt euch mal vor, wir sitzen bei strömendem Regen vor einer Dose mit kalten Rindsrouladen", sagte Anita. „Klingt das vielleicht verlockend?"

„Nein", erwiderten die anderen schaudernd.

„Genausogut können wir uns auch vorstellen, daß wir in einer warmen Scheune sitzen und leckere belegte Brötchen verzehren. Oder daß wir in eine Ortschaft reiten und in einem Selbstbedienungsrestaurant heiße Würstchen und Pommes frites essen. Wie klingt das?"

„Besser als kalte Rindsrouladen!" versicherten Marianne, Ingrid und Karin.

„Teuer klingt's auch", meinte Anita.

„Aber wir haben doch Geld!" rief ich. „Ganze Massen sogar. Mehr als hundert Mark für jeden."

„Ich habe keine Lust, mein Geld aufzuessen", brummte Anita.

„Münzen sind ziemlich schwer verdaulich", bemerkte Karin trocken. „Aber von Geldscheinen kriegt man kein Bauchgrimmen."

Da lachten wir, und selbst Anita konnte nicht ernst bleiben.

Schließlich einigten wir uns darauf, zur Probe auch eine Essensausrüstung mit einzupacken; doch Kochtöpfe, Petroleumkocher, Spülmittel und Kochlöffel nahmen bei weitem zuviel Platz ein – selbst Anita mußte das zugeben.

So beschlossen wir, uns kalt zu verpflegen und ab und zu in einem kleinen Restaurant warme Mahlzeiten einzunehmen. Trotzdem wollten wir eine große Schachtel Streichhölzer mitnehmen, damit wir Feuer anmachen und unsere Kleider trocknen konnten, falls wir in einen Dauerregen kommen sollten.

Nun trainierten wir jeden Tag, mit dem Gepäck in einer Linie hintereinander zu reiten. Anfangs empfanden wir die Rucksäcke als unangenehm, doch seltsamerweise dauerte es nicht lange, bis wir uns daran gewöhnten. Mit den Pferden hatten wir keine Schwierigkeiten; sie kamen gut miteinander aus, da sie ja täglich im Stall und auf der Weide beisammen waren.

Hafer für die Pferde konnten wir unterwegs von einigen Bauern kaufen; das hatte Herr Erik schon für uns geregelt. Wasser sollten wir ebenfalls auf Bauernhöfen bekommen, und wenn das Wetter schlecht wurde, erhielten wir sicher auch Erlaubnis, in Scheunen und Heuschobern zu übernachten.

„Wenn wir triefnaß und erbärmlich aussehen, bringt es bestimmt niemand übers Herz, uns ein Dach über dem Kopf zu verwehren", sagte Anita mit bebender Stimme.

„Und falls wir eines Tages keine Lust mehr haben, im Freien zu übernachten, schütten wir einfach einen Eimer Wasser über dich und schicken dich in einen schönen Bauernhof. Dann verschaffst du uns allen eine anständige Mahlzeit und Unterkunft", erwiderte Elisabeth.

Marianne sagte in unser Gekicher hinein: „Aber über eine wichtige Sache haben wir uns noch nicht unterhalten; wo wir unser Geld am sichersten verwahren könnten, damit es nicht geklaut wird."

Elisabeth nickte. „Daran habe ich schon gedacht. Jeder von uns bekommt ja hundert Mark, das macht zusammen siebenhundert Mark. Das übrige Geld sollte der Kassenwart des Ponyklubs übernehmen, finde ich."

„Haben wir denn einen Kassenwart?" fragten Ingrid und Lena überrascht.

„Ja, allerdings", bestätigte ich. „Elisabeth ist Vorsitzende, ich bin Schriftführerin und Karin ist Kassenwart."

Karin sah mich etwas verdutzt an.

„Hast du vergessen, daß du Kassenwart bist?" fragte ich.

„Ja, beinahe", erwiderte sie. „Wir haben ja bisher noch kein Geld in unserer Kasse gehabt."

„Dann ist's höchste Zeit, daß du dich jetzt darum kümmerst", sagte Elisabeth. „Du mußt dir eine richtige Brieftasche anschaffen."

„Ich rede mal mit meiner Mutter. Ihr fällt bestimmt eine gute Möglichkeit ein, wie ich das Geld aufbewahren kann", versprach Karin.

„Was tut eigentlich ein Schriftführer?" erkundigte sich Lena.

„Ein Schriftführer schreibt", erwiderte ich.

"Hm, muß das sein, daß ich einen Bericht schreibe?"

„Wann habt ihr Kiki zuletzt schreiben sehen?" fragte Lena die anderen.

Alle schüttelten lächelnd den Kopf.

„Dann bin ich dafür, daß du ein Protokoll schreibst, Kiki", sagte Elisabeth.

„Hm, na ja", erwiderte ich. „Muß das sein?"

„Ich finde, du solltest einen kurzen Bericht darüber verfassen, daß der Ponyklub beschlossen hat, die tausend Mark für eine Reittour auszugeben, und daß alle Mitglieder damit einverstanden sind. Dann kann sich später keiner beklagen."

„Hat jemand vor, sich zu beklagen?" fragte ich.

„Nein!"

„Na also", brummte ich.

„Du gehst jetzt nach Hause und schreibst!" kommandierte Elisabeth.

„Schon recht, ich tu's heute abend", seufzte ich.

„Einfach großartig, daß unser Klubvorstand so enthusiastisch und einsatzfreudig ist", sagte Karin und gab mir einen Klaps aufs Hinterteil.

Ein glücklicher Tag mit unseren Pferden

Endlich war der langersehnte Montag morgen gekommen.

Schon kurz nach sieben Uhr versammelten wir uns vor dem Reitstall. Wir wollten möglichst früh losreiten, um einen Teil unseres ersten Tagesritts hinter uns zu bringen, ehe es richtig heiß wurde. Die Sonne schien, und es war fast windstill.

Während wir die Pferde striegelten und ihre Hufe noch einmal überprüften, war mir ganz seltsam zumute. Irgendwo tief in meinem Innern hatte ich leichte Zweifel: Und wenn wir es nicht schaffen? Wenn ein Pferd lahmt oder jemand krank wird? – Pfui, das war widerlich! Meine Eltern hätten mich wohl kaum mitreiten lassen, wenn sie geahnt hätten, wie unsicher und ängstlich ich nun war.

Glücklicherweise hatten wir jedoch abgemacht, daß unsere Eltern nicht zum Stall kommen sollten, um uns nachzuwinken. Da wir fürchteten, es könnte Heulen und Zähneknirschen geben, wenn unsere Mütter und Väter auf dem Stallhügel standen und uns fortreiten sahen, hatten wir uns schon zu Hause verabschiedet. Bei mir war der Abschied jedenfalls recht schmerzlos vor sich gegangen. Meine Mutter hatte mich besonders fest umarmt, Papa gab mir die Hand, sah mich eine Weile ernst an und zwinkerte mir dann aufmunternd zu. Mein Bruder Michael gab sich lässig und sagte nur: „Tschüs, bis in einer Woche!" Ich selbst war ein wenig nervös, lächelte jedoch die ganze Zeit tapfer und gab mir alle Mühe, ruhig und selbstsicher zu erscheinen.

Jetzt nahm ich mich zusammen und murmelte entschlossen vor mich hin: „Wir schaffen es schon, alles wird gutgehen!" Und das nützte tatsächlich! Ich fühlte mich gleich wieder besser, und Melissa merkte offenbar, daß ich nicht mehr so aufgeregt war. Denn sie gab mir einen kleinen Puff mit der Nase und sah mich erwartungsvoll an. Pferde verstehen manchmal mehr als man glaubt. Ich stellte mich dicht neben sie, spürte ihren warmen Tierkörper, der Geborgenheit ausstrahlte, und streichelte ihre weiche Mähne.

Herr Erik war natürlich ebenfalls erschienen. Er sagte nicht viel, sondern ließ seine geübten Blicke über die Pferde und unsere Ausrüstung schweifen. Wenn er alles für gut befand, konnten wir beruhigt losreiten, das wußten wir.

„Jetzt sitzen wir auf!" rief Elisabeth plötzlich.

Ich holte tief Luft und schwang mich in den Sattel. Melissa machte ein paar Seitenschritte, bis sie das Gleichgewicht gefunden hatte. Herr Erik ging von einem zum anderen, kontrollierte noch einmal Pferde und Reiterinnen und sagte zu jeder von uns: „Viel Glück!" Dann stellte er sich neben Elisabeth und Figaro, hob die Hand und rief: „Reitet los! Viel Glück!"

Wir winkten zurück und starteten. Die Reitordnung hatten wir schon früher festgelegt; sie würde immer dann wichtig sein, wenn wir an Verkehrsstraßen und auf schmale Pfade kamen. Lena ritt auf Charlie voran, denn Charlie ist sicher und hat keine Angst vor Autos. Er fürchtet sich auch nicht davor, über Brücken und durch Dickicht zu gehen. Anschließend kam Marianne auf Primus, der ein wenig ungebärdig ist und einem Vorgänger gern zu dicht auf den Leib rückt. Da Charlie fast nie ausschlägt, kann man die beiden gut hintereinander reiten lassen. Dann folgten Anita auf Filur, Karin auf Munter und Ingrid auf Star Dust. Als letzte ritt Elisabeth mit Figaro hinter Melissa und mir. Figaro schlägt nämlich oft aus, wenn er merkt, daß ein anderes Pferd sich ihm von hinten nähert. Diese Reihenfolge war jedoch nur für bestimmte Gelegenheiten gedacht. Wenn wir auf Wiesen kamen oder durch den Wald ritten, brauchten wir uns natürlich nicht daran zu halten.

Es war wirklich seltsam, den kleinen Weg über den Stallhügel zu reiten und zu wissen, daß wir nicht zu einem einstündigen Spazierritt unterwegs waren, sondern über eine Woche ausbleiben würden. Die Stimmung war fast feierlich – die Vögel sangen, die Luft war warm, und die Hufschläge unserer Pferde klangen wie Musik. Die Tiere waren frisch und munter und gingen rasch vorwärts, obwohl sie etliche Kilo mehr auf dem Rücken trugen als sonst. Glücklicherweise waren sie jedoch alle kräftig und in bester Verfassung.

Als der Pfad in ein Feld mündete, blieben wir stehen.

„Wie ist euch zumute?" fragte Elisabeth.

„Phantastisch! Großartig! Prima!" riefen wir durcheinander.

„Wollen wir hier Rast machen?" sagte Lena.

„Nein, wir reiten noch ein Stück", erwiderte Elisabeth.

„Volle Fahrt voraus!" rief Ingrid und galoppierte auf Star Dust los.

„Juhu!" schrien wir und sausten hinterher.

Melissa genoß es ebensosehr wie ich, daß es nun so rasch vorwärtsging. Sie bewegte sich rhythmisch, und ihre geschmeidigen Muskeln arbeiteten sicher. Der Wind fuhr mir durchs Haar, und ich war von jenem herrlichen Gefühl der Geschwindigkeit und Spannung erfüllt, das man nur während eines Galopps erleben kann.

Atemlos und lachend kamen wir am Rand des großen Feldes an, das von Büschen und niedrigen Bäumen gesäumt war.

„Jetzt reiten wir am Waldrand entlang, und dann über die Felder nach Talgarten. Dort beginnt der Weg, der auf der Landkarte wie eine Schlange aussieht", sagte Ingrid.

„Dann wäre es wohl am besten, wenn wir die Pferde in Talgarten rasten lassen, oder?" überlegte Marianne.

„Wie weit ist's bis dorthin?" fragte Anita.

„Wenn wir langsam reiten, ungefähr eine Stunde."

„Dann schlage ich vor, daß wir die Pferde bei Talgarten tränken und dort picknicken", sagte ich. „Seid ihr einverstanden?"

„Jawohl!"

„Achtung, hier kommt der Ponyklub!" rief Lena fröhlich. „Vorwärts!"

Wir ritten nun wieder in der alten Reihenfolge und ließen die Pferde das Tempo selbst bestimmen. Da wir ja nicht nebeneinander reiten konnten, bestand unsere Unterhaltung nur aus kurzen Zurufen.

„Mein Rucksack scheuert."

„Setz dich ein bißchen aufrechter, das hilft vielleicht."

„Anita, du mußt Filur etwas zurückhalten. Primus kann's nicht leiden, wenn man ihm so dicht auf den Leib rückt."

„Himmel, ist's heute heiß!"

„Jetzt wäre ein Eis recht."

„Welchen Weg sollen wir einschlagen? Nach rechts oder links?"

„Wäre es nicht besser, wenn derjenige die Landkarte übernehmen würde, der vorausreitet?"

„Ich kann aber nicht Karten lesen!"

„Reitet nach rechts!"

Es dauerte etwas länger als eine Stunde, bis Talgarten in Sicht kam. Der Ort war von Birkenwäldern umgeben. Wir machten ein paar hundert Meter vor dem Dorf bei einem kleinen Gehölz halt. Nicht weit von uns war ein Bauernhof. Ein Mann reparierte dort gerade seinen Traktor. Er kniete auf dem Boden und pusselte am Motor herum. Neben ihm lag eine Menge Werkzeug.

„Ingrid und Kiki reiten zu dem Bauern hinüber und fragen, ob wir die Pferde paarweise auf den Hof führen und tränken dürfen", ordnete Elisabeth an. „Wir warten inzwischen hier."

Ingrid und ich nickten, und wir machten uns mit Star Dust und Melissa auf den Weg zum Hof. Der Mann, der am Traktor arbeitete, hörte uns erst, als wir bis auf ein paar Meter an ihn herangekommen waren.

„Guten Tag", sagten wir.

Er sah auf und musterte uns überrascht. „Grüß Gott. Was führt euch denn nach Talgarten?"

„Wir sind mit fünf anderen Mädchen von Aspens Reitschule unterwegs und wollten Sie fragen, ob wir unsere Pferde bei Ihnen tränken dürfen."

„Ja, natürlich dürft ihr das. Paßt nur auf, daß eure Pferde nicht in meinen Blumenbeeten herumtrampeln. Der Pumpbrunnen ist beim Kuhstall. Ein paar Eimer stehen auch dort, die könnt ihr benutzen."

Wir bedankten uns und ritten zum Stall. Ingrid hielt Melissa und Star Dust am Zügel, während ich zwei Eimer voll Wasser pumpte. Die Pferde tranken gierig, doch ich achtete darauf, daß sie rechtzeitig aufhörten, da sie von zuviel kaltem Wasser leicht eine Kolik bekommen können.

Auf dem Rückweg fragten wir den Bauern noch, ob wir mit unseren Ponys beim Birkenwäldchen rasten dürften.

„Freilich, warum nicht?" sagte er. „Aber hinter dem Gehölz ist eine Weide; wollt ihr eure Pferde nicht dorthin bringen?"

„O ja, furchtbar gern. Vielen Dank!" erwiderten wir.

„Ich habe selbst keine Pferde mehr", seufzte er. „Dafür hab ich einen Traktor. Aber der macht mehr Schererein als ein störrischer Gaul." Er stand auf und streichelte Melissas Kopf. „Das waren noch bessere Zeiten damals", fügte er hinzu, „als ich noch Pferde und Kühe hatte. Jetzt sind mir nur noch Hühner und Schweine geblieben. Und ein paar Schafe. Pferde lohnen sich nicht. Und das schlimmste ist, daß sich die Landwirtschaft nicht mal mehr mit dem Traktor zu lohnen scheint."

Der Bauer schüttelte bekümmert den Kopf, und wir nickten ernsthaft. Weil Star Dust sich unruhig bewegte, sagte Ingrid: „Ich glaube, wir müssen zu unseren Freundinnen zurück, damit sie ihre Ponys ebenfalls zum Brunnen führen können."

„Ja, tut das nur", antwortete er. „Es ist schön, wieder mal Pferde zu sehen."

Karin und Anita ritten als nächste zum Bauernhof, während wir unsere Ponys absattelten und nach Scheuerwunden von Sattel und Trense untersuchten. Glücklicherweise waren alle Tiere in Ordnung. Natürlich mußten wir auch ihre Hufe kontrollieren. Gemeinsam entfernten wir ein paar kleinere Steine, die sich Figaro und Munter eingetreten hatten.

Schließlich sprangen unsere Ponys munter auf der Weide herum, und wir trugen unsere Packtaschen unter die Birken und legten uns ins kühle Gras.

„Jetzt brauche ich etwas zu essen!" verkündete Anita.

„Die Mahlzeit wird sofort serviert – allerdings kalt", erwiderte Elisabeth und schwenkte eine Papierserviette.

„Kalt?" wiederholte ich und öffnete mein Freßpäckchen. „Meine belegten Brote sind so warm, als kämen sie aus dem Toaster."

„Ich wußte gar nicht, daß Käse in der Tasche schmelzen kann!" sagte Ingrid und sah stirnrunzelnd auf ihre Semmel.

„Mein Knäckebrot hat sich in einen Krümelhaufen verwandelt", kicherte Lena.

„Es ist doch ganz gleich, ob das Essen geschmolzen oder zerbröckelt ist", sagte Karin. „Schmecken tut's trotzdem. Schließlich ist das die erste gemeinsame Mahlzeit auf der Reittour des Ponyklubs!"

Nachdem wir eine Weile mit gutem Appetit gegessen hatten, sagte Marianne vorsichtig: „Ich habe Durst."

„Warum trinkst du dann nicht?" fragte ich.

„Weil ich nichts zu trinken habe", erwiderte sie. „Ich habe vergessen, Saft mitzunehmen. Kann mir eine von euch aushelfen?"

„Ich hab ebenfalls nichts dabei", sagte ich. „Ich dachte, wir kämen an einem Kiosk vorüber und könnten Limonade kaufen."

„Wir auch", bestätigten Lena und Karin bekümmert.

Da es sich herausstellte, daß keine von uns etwas zu trinken mitgebracht hatte, beschlossen wir, unseren Durst wie die Pferde am Pumpbrunnen zu löschen. Als wir auf den Hof kamen, fragte uns der Bauer, wohin wir heute noch reiten wollten.

„Zum Bergsee", sagte ich.

„Eine schöne Gegend, aber bleibt auf den Wegen! Die Pferde könnten leicht ausrutschen und ins Wasser fallen. Die Steine am Ufer sind sehr glatt, wenn alte Tannennadeln darauf liegen."

„Ja, wir passen schon auf, und nochmals vielen Dank."

„Viel Glück!"

Wieder legten wir uns in den Schatten unter die Birken und hielten bis zwölf Uhr Rast. Es wurde jedoch eins, ehe wir losreiten konnten, da die Pferde ziemlich widerspenstig waren und auf der Weide bleiben wollten. Es dauerte eine ganze Weile, bis sie sich satteln ließen.

Auf dem Weg zum Bergsee kamen wir glücklicherweise an einem Kiosk vorbei, wo wir endlich nach Herzenslust Limonade, Eis, Bonbons und Kaugummi kaufen konnten. Der letzte Teil unseres Tagesrittes ging ohne alle Schwierigkeiten vonstatten. Wir erhielten vom Bergseebauern sofort die Erlaubnis, unsere Pferde in der kommenden Nacht

Es war himmlisch für uns, direkt am Seeufer übernachten zu dürfen!

auf seiner Weide zu lassen. Er führte uns auch zu einem idyllischen Schlafplatz direkt am Seeufer, wo wir unsere Schlafsäcke unter einer Gruppe von Eichen aufschlagen konnten.

Gegen sechs Uhr ritten wir zur Autobahn, wo es eine Tankstelle mit dazugehörigem Restaurant gab. Während Lena, Marianne und Anita auf die Pferde aufpaßten, aßen Elisabeth, Ingrid, Karin und ich Würstchen mit Pommes frites. Dann wechselten wir uns ab.

Es war halb acht, als wir unsere Pferde auf die Weide ließen – nicht ohne sie vorher sorgfältig zu untersuchen. Sie waren alle gesund und munter. Dann nahmen wir noch ein Bad im See; allerdings nicht lange, denn das Wasser war verflixt kalt.

Lena und Karin ritten noch einmal zur Tankstelle, um zu Hause anzurufen und zu berichten, daß der ganze Ponyklub wohlauf war und den ersten Tag der Reittour ohne Schwierigkeiten hinter sich gebracht hatte.

Die Dunkelheit brach an, und ein leuchtend gelber Mond ging über dem Wald jenseits des Sees auf, als wir unsere Schlafsäcke und Decken unter den Eichen ausbreiteten.

„War das ein schöner Tag!" sagte Lena aus tiefstem Herzen.

„Komisch, daß man so müde wird, obwohl man sich gar nicht anstrengen mußte", murmelte Ingrid und gähnte herzhaft.

„Eigentlich ist's ja überhaupt nicht abenteuerlich, auf Reittour zu sein", äußerte Anita und zog den Reißverschluß ihres Schlafsacks zu.

„Ja, und ich glaube auch, daß während der ganzen Woche nichts Aufregendes passieren wird", fügte Marianne hinzu.

Doch es sollte sich bald herausstellen, daß Anita und Marianne sich gründlich getäuscht hatten ...

Lena landet in einem Heuhaufen

Wir erwachten gegen sieben Uhr. Alle hatten gut geschlafen, und wir fühlten uns frisch und munter.

Nach einem Frühstück mit Limonade, Schokoladenwaffeln und etwas alten Butterbroten packten wir unsere Sachen wieder ein, holten die Pferde von der Weide und machten uns auf den Weg zum Birkental.

Wir ritten langsam, da das Gelände teilweise ziemlich schwierig war. Es ging durch Gestrüpp und dichtes Buschwerk, und der Pfad schlängelte sich immer wieder recht steil den Berg hinauf. Obwohl uns herunterhängende Zweige das Gesicht zerkratzten, war es doch ein schöner Ritt, und die Pferde kamen gut vorwärts.

Wir rasteten mehrmals, tranken Tee und aßen Kuchen in einer Konditorei und hielten Mittagsmahlzeit in einem Motel, wo unsere Pferde großes Aufsehen unter den Autofahrern erregten. Alle sahen uns nach, als wir wieder aufbrachen. Wir waren richtig stolz, während wir im Schritt ein paar Meter die Landstraße entlangritten, einen Graben überquerten und auf eine kleine Wiese abbogen.

Im nächsten Laden kauften wir Brot, Wurst und Milch. Wir hatten beschlossen, im Freien zu Abend zu essen, statt uns auf die Suche nach einem Restaurant zu machen.

Nachmittags hielten wir noch öfter an, ruhten uns im Schatten aus und ließen die Ponys grasen. Es war ein stiller, friedlicher Tag.

Doch als wir uns dem Birkentaler Hof näherten, passierte etwas Seltsames!

Wir ritten in Reih und Glied einen kleinen Bach entlang

und kamen zu einer Wiese mit vielen Heuhaufen. Am Rand der Wiese stand ein Traktor; kein Mensch war zu sehen.

Plötzlich begann Lena, die als erste ritt, wild um sich zu schlagen. Sie ruderte mit den Armen durch die Luft und rutschte wie verrückt im Sattel hin und her.

„Was macht sie denn da?" fragte Elisabeth und kam an meine Seite geritten.

„Sieht aus, als würde sie eine Art Kriegstanz zu Pferde üben", sagte ich. „Vielleicht hat sie zu viele Indianerbücher gelesen?"

Gerade da stieß Lena einen markerschütternden Schrei aus! Charlie zuckte zusammen und bäumte sich auf, und Lena wäre beinahe vom Pferd gestürzt. Im letzten Augenblick schaffte sie es, im Sattel zu bleiben und kämpfte verbissen, um nicht den Halt zu verlieren, während Charlie über die Wiese raste.

„Charlie geht durch!" rief Karin.

„Wir reiten Lena nach!" schrie ich.

„Nein, wartet", sagte Elisabeth rasch. „Wenn wir hinterherjagen, wird Charlie vielleicht noch verrückter und galoppiert weiter, bis ein Unglück geschieht! Wir warten hier, vielleicht schafft sie es, ihn zu zügeln."

Unsere Pferde bewegten sich unruhig, doch wir konnten sie davon abhalten, ebenfalls loszurasen. Ängstlich sahen wir Lena nach. Charlie rannte mit wilden Sprüngen über die Wiese und kümmerte sich offenbar keinen Deut um die Versuche seiner Reiterin, ihn zu beruhigen.

„Er läuft direkt auf den Traktor zu!" schrie Ingrid mit entsetzter Stimme.

Sprachlos vor Schreck beobachteten wir, wie Charlie Kurs auf den Traktor nahm. Ich machte die Augen fest zu und wartete darauf, ein Krachen und furchtbare Schmerzensschreie zu hören. Doch alles, was ich vernahm, waren dumpfe Hufschläge. Ich öffnete die Augen und sah, wie Charlie kurz vor dem Traktor eine plötzliche Kehrtwendung machte und wieder in unsere Richtung galoppierte. Lena hing einen Augenblick lang halb aus dem Sattel und schien sich nicht länger halten zu können. Doch dann schaffte sie es, sich langsam wieder hochzuziehen. Allerdings gelang es ihr nicht, Kontrolle über Charlies wilden Laufschritt zu bekommen.

„Wir müssen ihr helfen!" Marianne war ganz weiß im Gesicht.

Ich versuchte zu sagen, daß wir auf Charlie zureiten sollten, um ihn aufzuhalten, bekam jedoch kein Wort heraus.

„Nein, wir bleiben hier", wiederholte Elisabeth verbissen.

Charlie stob direkt auf ein Gebüsch zu. Für einen Moment verlangsamte er sein Tempo, stürzte dann jedoch wieder los, sprang über die Büsche und raste auf der anderen Seite weiter.

„Er muß doch irgendwann einmal müde werden", sagte Karin schwach.

„Hoffentlich wird's Lena nicht vorher", erwiderte Anita.

Charlie machte nun erneut eine Kehrtwendung, sauste wieder auf das Gebüsch zu und sprang darüber. Lena rutschte nach vorn und wäre beinahe aus dem Sattel geglitten. Im letzten Augenblick gelang es ihr, sich an Charlies Mähne festzuklammern und oben zu bleiben.

„Wie lange sie sich wohl noch halten kann?" murmelte Elisabeth mit zitternder Stimme.

Charlie galoppierte im gleichen wahnsinnigen Tempo weiter. Nun steuerte er auf einen großen Heuhaufen zu.

„Mein Gott, wie wird das bloß enden?" stöhnte Karin, die dem Weinen schon sehr nahe war.

Ich hatte solche Angst, daß mir fast schlecht wurde.

„Wir müssen etwas tun! Wir müssen ihr helfen!" rief Ingrid, und die Tränen liefen ihr über die Wangen. „Jetzt reite ich los und versuche Charlie aufzuhalten."

Doch gerade in diesem Moment blieb Charlie ruckartig stehen! Er war nur ein paar Meter vom Heuhaufen entfernt. Da er so plötzlich anhielt, konnte sich Lena nicht länger im Sattel halten, sondern flog in hohem Bogen durch die Luft und landete kopfüber im Heu.

Charlie stand ein paar Sekunden lang still da, wandte sich dann ab und galoppierte zum anderen Ende der Wiese.

Als wir zum Heuhaufen kamen, lag Lena völlig unbeweglich mit geschlossenen Augen auf dem Boden. Verzweifelt sahen wir auf sie nieder.

„Wenn sie jetzt ...", begann ich und heulte los.

Elisabeth stieg ab, reichte mir Figaros Zügel und beugte sich über Lena. Sie streichelte ihr über die Wange und flüsterte: „Lena, hörst du mich? Lena, antworte doch!"

*Hoffentlich ist Lena nichts passiert,
dachten wir verzweifelt*

Nach einer Weile, die uns wie eine Ewigkeit vorkam, bewegte sie sich endlich und sah verwirrt zu uns auf.

„Ich hab solche Angst ausgestanden", sagte sie leise.

„Bist du verletzt?" fragte Elisabeth.

„Nein, ich glaube nicht." Lena setzte sich vorsichtig auf und bewegte Arme und Beine. „Ich scheine mir nichts gebrochen zu haben."

„Hast du nirgends Schmerzen?"

Sie erhob sich, schnitt eine Grimasse und erwiderte: „Doch, mein Hinterteil tut mir weh. Aber ich hab wohl nur ein paar blaue Flecke."

„Du hast wirklich Glück gehabt, daß du ausgerechnet in einem Heuhaufen gelandet bist!" sagte Ingrid.

„Und daß du eine Reitkappe aufgehabt hast", fügte ich hinzu. „Sonst hättest du dir eine Gehirnerschütterung oder etwas Schlimmeres holen können!"

„Warum ist Charlie eigentlich so wild geworden?" fragte Anita.

„Charlie – wo ist er?" rief Lena.

Wir drehten uns um. In einiger Entfernung trabte Charlie gemächlich an einem Zaun entlang, als wäre überhaupt nichts vorgefallen.

„Marianne und Anita, ihr holt Charlie", ordnete Elisabeth an.

„Schon gut, zu Befehl."

„Aber was war denn mit Charlie los? Und warum hast du so um dich geschlagen?" fragte ich.

„Ein Schwarm Wespen kam auf mich zugeflogen", erzählte Lena. „Sie summten mir ums Gesicht, und ich bekam Angst und versuchte sie zu verjagen. Aber plötzlich hat mich eine ins Kinn gestochen, und da hab ich geschrien. Daraufhin ging Charlie durch."

„Es sah furchtbar gefährlich aus!"

„Sieht ‚man den Wespenstich auf meinem Kinn?" erkundigte sich Lena.

„Ja, du bist ein bißchen geschwollen", sagte Elisabeth.

„Willst du etwas Salbe haben?" fragte ich.

„Ja, danke."

Während wir Lenas Kinn behandelten, kamen Marianne und Anita langsam mit Charlie zurück. Er war lammfromm und schien sich nicht mehr daran zu erinnern, daß er noch vor kurzem wie ein Wildpferd über die Wiese galoppiert war.

Lena streichelte ihn und flüsterte ihm ein paar Ermahnungen ins Ohr. Als wir wieder auf die Pferde steigen wollten, stellte es sich heraus, daß Lena nicht mehr sitzen konnte. Wir beschlossen also, unsere Ponys die letzten Kilometer zur Lichtung beim Birkentalhof zu führen, wo wir übernachten wollten.

Unterwegs unterhielten wir uns aufgeregt darüber, welches Glück Lena gehabt hatte, daß sie aus dem ganzen Abenteuer nur mit ein paar blauen Flecken und einem Wespenstich davongekommen war.

Auf dem Birkentalhof durften wir unsere Pferde tränken und bekamen eine Weide für die Nacht zugewiesen.

Da wir uns geeinigt hatten, unseren Eltern nichts über den Zwischenfall mit Charlie und Lena zu erzählen, sagte ich am Telefon zu meinem Vater, daß es uns gut ginge und die Pferde in bestem Zustand seien.

An diesem lauen Abend saßen wir noch lange unter den Bäumen, und jede von uns berichtete über ihren ersten Sturz vom Pferd. Ich war nicht die einzige, die damals tagelang Schmerzen gehabt hatte, und bei keiner von uns war es bei einem Sturz geblieben.

„Schön ist es nie, vom Pferd zu fallen", sagte Elisabeth schließlich. „Aber einen Nutzen hat die Sache doch. Man lernt dabei, vorsichtiger zu sein."

„Und man merkt, wie nützlich eine Reitkappe ist!"

„Im Augenblick wünsche ich mir, ich hätte da hinten auch eine Reitkappe gehabt", sagte Lena kläglich. „Dann müßte ich nämlich jetzt nicht die ganze Nacht über auf dem Bauch liegen!"

Wir müssen anfangen zu sparen

Lena hatte am nächsten Tag noch immer Schmerzen und sah richtig gequält aus, als sie versuchte, sich auf Charlies Rücken zu schwingen.

„Ich kann nicht reiten", sagte sie. „Mein Hinterteil tut furchtbar weh, sobald ich mit dem Sattel in Berührung komme."

„Wir legen dich auf den Bauch, quer über Charlies Rücken", schlug Karin munter vor. „So, wie sie's in Wildwestfilmen mit den Gefangenen machen."

Wir kicherten, und Elisabeth fragte: „Aber im Ernst, was tun wir? Sollen wir heute noch hier im Birkental bleiben und hoffen, daß Lena morgen wieder reiten kann?"

„Wie wär's, wenn wir deine Eltern anrufen und sie bitten, dich und Charlie zu holen?" sagte Ingrid zu Lena.

„Nein, nein! Wir rufen nicht bei mir zu Hause an!" protestierte diese sofort.

„Und vergeßt unseren Wahlspruch nicht: ‚Gemeinsam oder gar nicht!' Entweder brechen wir die Reittour ab und kehren zusammen um, oder wir reiten geschlossen weiter", sagte ich.

„Ja, wir reiten weiter!" riefen alle.

„Ich kann Charlie ja am Zügel führen und manchmal ein Stück mit ihm laufen", meinte Lena. „Reitet ihr nur voraus, ich komme schon nach."

„Nein, das machen wir nicht", erwiderte Elisabeth. „Ein paar von uns führen ihre Pferde, während die anderen langsam weiterreiten oder einen Umweg machen. Wir haben Zeit genug, und schließlich wollen wir doch beisammen bleiben, oder?"

„Ja!"

So begann die dritte Etappe der Reittour unseres Ponyklubs recht gemächlich. Auf Waldwegen wollten wir vom Birkental zur Großen Mühle reiten, wo eine stillgelegte Mühle neben einem fast ausgetrockneten Flußbett stand. Wir hatten vor, direkt bei der Mühle zu übernachten. Es gab dort eine Einfriedung, wo wir unsere Pferde freilassen konnten. Das hatte Herr Erik uns gesagt, nachdem er sich mit dem Bauern telefonisch in Verbindung gesetzt hatte, zu dessen Hof die Große Mühle gehörte.

Der Weg dorthin war nicht besonders beschwerlich. Die Waldpfade erwiesen sich als ziemlich breit und mündeten immer wieder in kleine Wiesen, auf denen wir die Ponys galoppieren lassen konnten. Der ganze Tag verlief recht geruhsam. Einesteils konnte Lena nicht so schnell gehen, anderenteils machten wir auch oft Pause, um unseren Pferden die Hufe auszukratzen, sie zu striegeln und unsere Ausrüstung zu überprüfen. Wir badeten in einem kleinen Waldsee mit warmem Moorwasser und kauften uns in einem Dorf an einem Kiosk Limonade, Eis und Waffeln.

Unser Abendessen verzehrten wir in einem Motel am Rande der Autobahn und riefen von dort aus gleich zu Hause an, um zu berichten, daß wir wohlauf waren. Als wir zur Großen Mühle kamen, war es schon nach sieben Uhr, und die Sonne verschwand langsam hinter den Hügeln.

Bei der Mühle stand ein Lieferwagen, und neben ihm ein Mann. Als er uns näherkommen sah, stand er auf und rief: „Grüß Gott, alle miteinander! Ich heiße Andersson. Ihr seid wohl die Mädels von Aspens Reitschule, die mir Herr Erik angekündigt hat?"

„Ja, das sind wir. Guten Tag, Herr Andersson. Dürfen wir hier über Nacht bleiben?"

„Freilich, gern. Ich habe einen Sack Hafer mitgebracht, falls ihr ihn brauchen könnt. Herr Erik sagte am Telefon, daß eure Pferde jetzt ganz gut ein bißchen Hafer vertragen könnten."

„Prima!" riefen wir. „Wieviel kostet er?"

„Den bekommt ihr umsonst."

„Oh, vielen Dank, Herr Andersson!"

„Es ist ungefähr ein Pfund für jedes Pferd. Nachdem die Tiere ja ein paar Tage ohne Hafer waren, dürfen sie nicht zuviel auf einmal davon haben, sonst könnten sie eine Kolik bekommen."

Wir sattelten die Ponys ab und schütteten den Hafer in ein paar alte Futterkrippen, die noch in einer Ecke des verlassenen Stalles standen, der zur Mühle gehörte.

„Ihr könnt in der Mühle schlafen, wenn ihr wollt", schlug der Bauer vor. „Da drinnen sieht's vielleicht ein bißchen ungemütlich aus, aber sauber und ordentlich ist alles. Die Pferde könnt ihr auf die Weide dort drüben bringen."

Wir bedankten uns noch einmal bei ihm.

„Na, dann gute Nacht", sagte der freundliche Herr Andersson und fuhr mit seinem kleinen Lieferauto davon.

Als die Pferde ihren Hafer vertilgt hatten, führten wir sie zum Fluß hinunter und spülten ihre Beine mit dem kühlen Wasser ab. Das gefiel ihnen sehr, und sie zeigten es auch, indem sie zufrieden wieherten.

Unser Nachtlager schlugen wir wirklich in der alten Mühle auf, in der es ziemlich dunkel und ein wenig unheimlich war. Trotzdem fanden wir es schön, wieder einmal eine Nacht unter einem Dach verbringen zu können.

Ich knipste meine Taschenlampe an, und wir bildeten einen Kreis und zählten unser Geld. Dabei stellte sich heraus, daß wir schon sehr viel mehr verbraucht hatten als wir dachten. Keiner von uns war mehr als die Hälfte des Geldes geblieben.

„Jede hat also ungefähr noch fünfzig Mark", sagte Elisabeth schließlich. „Das bedeutet, daß wir täglich nicht mehr als zehn Mark ausgeben dürfen – pro Person, natürlich. Sonst reicht unser Geld nicht."

„Wir dürfen nicht mehr soviel Süßigkeiten und Eis kaufen", seufzte Ingrid.

„Aber ich habe doch dreihundert Mark als Reserve dabei, falls wir pleite gehen sollten!" warf Karin ein.

„Das Geld rühren wir nur im äußersten Notfall an", sagte Elisabeth mit großer Festigkeit.

„Von jetzt ab sparen wir!" verkündete Lena. „Wir kaufen uns nur noch Essen, sonst nichts."

„Aber Eis schmeckt so furchtbar gut", wandte Anita ein.

„Ab und zu können wir uns vielleicht schon mal ein Eis leisten, wenn's besonders heiß ist", meinte Elisabeth. „Aber wir müssen unbedingt aufhören, unser Geld so hinauszuwerfen. Und jetzt ist's Zeit zum Schlafen."

Wir krochen in unser Bettzeug, schliefen jedoch nicht sofort ein, weil Marianne auf eine Idee gekommen war, eine Spukgeschichte von einem kleinen Mädchen zu erzählen, das aus Versehen in einem Museum eingeschlossen wurde. Als Lena jedoch mit einer zweiten, noch schaurigeren Geschichte beginnen wollte, sagte die vernünftige Elisabeth: „Schluß jetzt, sonst schlafen wir überhaupt nicht mehr!"

„Wohin reiten wir morgen?" fragte Ingrid gähnend.

„Nach Borgheim", sagte Elisabeth.

„Tut dir dein Hinterteil noch immer weh, oder meinst du, daß du morgen im Sattel sitzen kannst?" fragte ich Lena.

„Morgen kann ich bestimmt wieder reiten", erwiderte sie. „Die Schmerzen sind schon fast weg."

„Mein Gefühl sagt mir, daß wir einen ruhigen und schönen Tag vor uns haben", murmelte ich schläfrig. „Einen Tag, an dem nichts Aufregendes passiert."

„Wir wollen's hoffen", erwiderte Elisabeth. „Gute Nacht!"

„Gute Nacht, und schlaft gut!"

Wenn wir nur geahnt hätten, was uns erwartete, hätten wir in dieser Nacht bestimmt nicht so ruhig geschlafen ...

Ein Glück, daß wir Reservegeld haben!

Wir schliefen gut und lange in der alten Mühle und machten uns erst um elf Uhr auf den Weg nach Borgheim. Wären wir zehn Minuten früher oder später losgeritten, wäre uns vielleicht ein unangenehmer und teurer Zwischenfall erspart geblieben. Aber so etwas weiß man ja leider nie im voraus.

Dabei fing der Tag so harmlos an: Der Pfad war zum Reiten wie geschaffen, die Pferde benahmen sich musterhaft, das Wetter war noch immer schön, und wir hatten gute Laune. Auf halbem Weg nach Borgheim aßen wir in einer kleinen Gastwirtschaft Fleischklößchen mit Salat, kauften Ansichtskarten und ritten nachmittags in gemächlichem Tempo weiter. Ab und zu legten wir eine Pause ein, um reife Blaubeeren und Walderdbeeren zu pflücken.

„Die Beeren schmecken wirklich gut", sagte Anita schließlich, „aber Durst habe ich trotzdem. Wie wär's, wenn wir uns auf die Suche nach einem Kiosk machen würden?"

„Au ja, ein Eis wäre jetzt prima!"

„Ich möchte eine kalte Limonade!"

Lena und Elisabeth studierten die Landkarte und stellten

fest, daß wir nicht allzuweit von einer kleinen Bahnstation entfernt waren.

„Dort gibt's bestimmt auch einen Kiosk", sagte Elisabeth.

„Und ein Telefon sicher auch, dann können wir gleich zu Hause anrufen", fügte ich hinzu.

„Reiten wir also zum Bahnhof. Mir nach!" rief Lena und bog nach rechts ab, ritt durch ein Gebüsch und über einen ziemlich breiten Kiesweg.

Zehn Minuten später hatten wir den Bahnhof erreicht, vor dem es tatsächlich einen Kiosk gab. Ingrid sprang als erste vom Pferd. „Haltet Star Dust für mich", sagte sie. „Ich bin heute mit dem Telefonieren an der Reihe."

Ich übernahm die Zügel, und sie verschwand in der Telefonzelle.

„Ob die hier wohl Erdbeereis haben?" überlegte Lena.

„Ich will eins mit Schokolade", sagte ich.

Den Pferden gefiel es nicht besonders, auf dem asphaltierten Platz vor dem Bahnhof warten zu müssen. Sie bewegten unruhig die Köpfe und trippelten ziemlich nervös hin und her. Schon nach wenigen Minuten kam Ingrid wieder aus der Telefonzelle.

„Das war aber ein kurzes Gespräch", sagte ich.

„Ja, ich habe meiner Mutter nur gesagt, daß wir alle gesund und munter sind, und damit Schluß", erwiderte sie. „Und jetzt will ich Eis haben. Hältst du Star Dust noch ein bißchen, während ich einkaufe, Kiki?"

Ich nickte, und Elisabeth fügte hinzu: „Lena, Anita und Karin, ihr könnt euch ebenfalls gleich etwas holen. Wir halten inzwischen die Pferde für euch."

Die drei stiegen ab, übergaben uns die Zügel und gingen zum Kiosk. Einen Augenblick später bremste ein Auto heftig und blieb direkt hinter uns stehen. Die Pferde scheuten, Melissa stampfte gereizt mit den Hufen, und Marianne hatte

Schwierigkeiten, Primus zu beruhigen. Er warf den Kopf zurück und steckte Filur mit seiner Nervosität an, den Marianne für Anita am Zügel hielt. Primus begann rückwärts zu gehen, und Filur versuchte sich loszureißen. Natürlich wurde keines der Pferde ruhiger, als der Autofahrer zu allem Überfluß auch noch die Wagentür mit lautem Knall zuschlug.

Nun machte Primus den Versuch, vorwärts zu gehen, überlegte es sich jedoch anders, als er Mariannes Widerstand spürte, und scheute heftig zurück. Er tat einen Schritt, zwei Schritte, schlug aus, ging noch einen Schritt rückwärts und schlug mit dem rechten Hinterfuß ein zweites Mal aus.

Päng! machte es plötzlich. Er hatte die linke Wagentür mit dem Huf getroffen!

„Oh, nein!" rief Marianne, doch ihr Protest konnte nichts mehr ändern. Der Schaden war bereits geschehen: Eine große Beule in der Wagentür zeigte deutlich, wo Primus' Huf gelandet war.

Der Autofahrer kam zurückgelaufen, starrte seinen Wagen an, richtete dann seinen anklagenden Blick auf Marianne und sagte: „Dein Pferd hat meine Tür beschädigt!"

Marianne antwortete nicht; sie schüttelte nur entsetzt den Kopf. Da kamen Lena, Anita und Karin angelaufen und stellten sich zwischen Primus und den Wagen.

Elisabeth war die erste, die sich wieder gefaßt hatte. „Nur keine Aufregung", sagte sie ruhig.

„Also hört mal!" rief der Autofahrer. „Eines von euren Pferden hat meinen Wagen kaputtgeschlagen!"

„Ihr Auto ist nicht kaputt", sagte Elisabeth. „Eine der Türen hat eine Beule, das ist alles."

„Wißt ihr, was es kostet, den Schaden wieder zu reparieren?" fragte der Mann aufgeregt.

„Nein, das wissen wir nicht", erwiderte Elisabeth.

„Dein Pferd hat meine Autotür beschädigt!"

„Wenn Sie nicht so plötzlich gebremst hätten, wären die Pferde nicht nervös geworden", brummte ich.

„Das hier ist aber eine Straße für Autos!" rief der Mann. „Kein Tummelplatz für Pferde!"

„Die Tür wird nicht wieder ganz davon, daß wir uns streiten", sagte Elisabeth langsam und deutlich.

Ich sah sie an und bewunderte ihre Ruhe. Ich selbst war viel zu erschrocken und verärgert, um jetzt so vernünftig sprechen zu können.

Der Autofahrer ging mit raschen Schritten um seinen Wagen herum, schüttelte den Kopf und murmelte etwas vor sich hin. Dann blieb er stehen, musterte zuerst Marianne und Primus und dann Elisabeth, lächelte zweifelnd und sagte: „Ja, ja. Das stimmt, die Tür wird nicht wieder ganz davon, daß wir uns streiten. Wir wollen also versuchen, uns darüber einig zu werden, wie wir die Sache am besten in Ordnung bringen können."

„Wieviel kostet es, die Tür zu reparieren?" fragte Elisabeth.

„Das weiß ich nicht, aber auf der anderen Seite der Bahnschranke gibt es eine Reparaturwerkstatt. Wir könnten hinfahren und uns erkundigen."

„Ich fahre mit Ihnen", sagte Elisabeth rasch, sprang von Figaros Rücken und reichte Lena die Zügel.

Während die beiden mit dem Auto losfuhren, mußten wir Marianne trösten. Sie war schrecklich niedergeschlagen. „Wir haben Glück gehabt, daß nur dem Auto etwas passiert ist", sagte ich. „Stell dir vor, wenn Primus sich verletzt hätte!"

„Du kannst nichts dafür. Alle Pferde waren nervös", versicherte Ingrid.

„Nimm's dir doch nicht so zu Herzen, Marianne!"

„Gott sei Dank hat Primus dich nicht abgeworfen. Du hättest dir ja einen Arm oder ein Bein brechen können!"

Nach einer Viertelstunde kam der Wagen wieder über das Bahngleis zurück. Elisabeth stieg mit ernstem Gesicht aus. „Es kostet dreihundert Mark, die Tür zu reparieren", sagte sie zu uns.

„So viel? Müssen wir das bezahlen?" fragten wir.

„Ja, leider", erwiderte sie. „Wir sind für den Schaden verantwortlich."

„Es tut mir leid, daß euch die Sache so teuer kommt", sagte der Autofahrer. „Aber es läßt sich nun einmal nicht ändern. Hoffentlich seid ihr mir nicht böse."

„Nein, sind wir nicht", versicherte Elisabeth. „Und wir werden natürlich für die Reparatur aufkommen. Karin, gib mir bitte das Reservegeld."

So verschwanden unsere dreihundert Mark in der Brieftasche des Autofahrers. Wir trugen den Verlust jedoch mit Fassung, und Elisabeth sagte ganz geschäftsmäßig: „Würden Sie mir bitte eine Quittung geben? Mit Ihrer Autonummer, Ihrem Namen und Ihrer Adresse."

Der Mann zog einen Notizblock aus seinem Handschuhfach, schrieb etwas auf das oberste Blatt, riß es ab und übergab es Elisabeth. Sie las das Geschriebene durch und nickte.

„Ja, dann nichts für ungut", sagte er und stieg in sein Auto.

Wir sahen ihm lange nach, ohne ein Wort zu sagen.

„Und was ist jetzt mit dem Eis?" fragte Ingrid plötzlich. „Ich verdurste!"

Marianne machte noch immer ein unglückliches Gesicht.

„Jetzt vergessen wir die ganze Geschichte", sagte ich. „Ändern können wir ja doch nichts mehr."

„Marianne kann nichts dafür, daß Primus ausgeschlagen hat", sagte Elisabeth bestimmt. „Das hätte uns mit jedem anderen Pferd auch passieren können. Wer die Sache noch mit einem einzigen Wort erwähnt, muß zur Strafe heute abend allen Pferden die Hufe auskratzen!"

Das brachte sogar Marianne zum Lachen.

Elisabeth ist spurlos verschwunden

Ein etwas kläglicher Ponyklub machte sich am nächsten Tag von Borgheim auf den Weg nach Altdorf. Alle machten gequälte Gesichter. Der Grund dafür war, daß wir nun langsam die Folgen unseres viertägigen Rittes zu spüren bekamen.

„Mir ist, als wäre meine Reitkappe aus Blei!" stöhnte Marianne.

„Mein Kopf tut mir so weh, daß es mir vor den Augen flimmert", seufzte Ingrid.

Jeder hatte an irgendeiner Stelle Schmerzen.

„Du liebe Zeit, mir bricht das Kreuz durch!"

„Ich habe schon fast keine Haut mehr auf den Knien – meine Hose scheuert so, daß ich verrückt werden könnte!"

Ich selbst hatte Schmerzen in den Oberschenkeln, als ob ich ständig einen Muskelkrampf hätte.

„Da hilft nur eines", sagte Elisabeth. „Ausruhen. Wir strengen uns heute möglichst wenig an."

Und genauso machten wir es auch. Wir ritten nur sehr kurze Strecken, rasteten häufig, badeten in einem Bach, kauften uns etwas zu essen, telefonierten mit unseren Eltern, sonnten uns auf einer Waldlichtung, wanderten hinkend mit den Pferden am Zügel weiter und erreichten gegen Abend endlich Altdorf.

Dort bekamen wir dank Herrn Eriks Vorsorge eine Weide für unsere Ponys zugewiesen. Glücklicherweise waren die Tiere in bestem Zustand – keines hatte Scheuerwunden von Sattel oder Trense. Wir säuberten ihre Hufe und ließen sie dann auf der Wiese frei.

Neben der Weide standen ein paar Laubbäume, in deren Schatten wir unser Lager aufschlugen. Wir legten uns ins weiche Gras, unterhielten uns halblaut und entspannten uns. Obwohl wir einen geruhsamen Tag hinter uns hatten, war er wegen unserer schmerzenden Glieder und Muskeln doch recht anstrengend gewesen.

Doch diese Unannehmlichkeiten waren nichts gegen den Schrecken, der uns am folgenden Tag erwartete ...

*

Der sechste Tag unserer Reittour fing recht gut an. Wir fühlten uns bedeutend munterer als am Vortag. Die Schmerzen in unseren Armen und Beinen hatten nachgelassen, und die kleinen Scheuerwunden taten nicht mehr so weh.

Wir zählten unser Geld und stellten fest, daß wir uns ein ordentliches Frühstück leisten konnten. So ritten wir ins Zentrum von Altdorf und kauften uns Milch, warme Brötchen und Plunderhörnchen. Dann riefen wir zu Hause an und nahmen Kurs auf die „Graue Kate".

„Ich finde, der Name ‚Graue Kate' wirkt etwas unheimlich für ein Bauernhaus", sagte Ingrid.

„Es ist doch ein verlassener Hof", erwiderte ich.

„Aber früher haben ja mal Bauern dort gelebt."

„Damals hieß er bestimmt noch anders", meinte Elisabeth.

„Eine Schulfreundin hat mir einmal erzählt, daß es in der ‚Grauen Kate' spuken soll", sagte Karin.

„Rede bloß nicht von Gespenstern!" brummte ich.

„Gegen den ganzen Ponyklub hat ein Gespenst keine Chance", behauptete Lena lachend. „Sieben Mädchen und sieben Pferde können mit einem ganzen Regiment von Gespenstern fertig werden!"

Der Weg zur „Grauen Kate" war ausgesprochen beschwerlich. Wir mußten durch dichtes Unterholz und dunkle Wälder reiten. Es war die reine Wildnis! Lena ritt auf Charlie voraus. Die Wege waren verwildert und überwachsen, so daß Lena die ganze Zeit mit der Landkarte in der Hand reiten mußte und gezwungen war, sich wie ein Pfadfinder zu orientieren.

Wir anderen konnten Lena nicht in Reih und Glied folgen, da das Gelände so schwierig war. Ich selbst umging meistens das dichte Gebüsch, damit sich Melissa nicht durch Gestrüpp und niedrige Bäume zwängen mußte. Sie zieht es vor, steile Anhöhen hinaufzuklettern und hat schon immer eine Abneigung gegen zu dichtes Strauchwerk gehabt. Charlie, Primus und Munter dagegen weichen jeder Steigung mit Begeisterung aus und drängen sich mit Vorliebe durch Äste und Zweige. Filur und Star Dust nehmen fast jedes Gelände ohne Widerstreben; es sei denn, der Boden ist naß oder lehmig. Am schwierigsten ist Figaro. Er verweigert öfter und ändert seine Meinung von einer Minute zur anderen. Manchmal steigt er mit Leichtigkeit einen Hügel hinauf, aber einen Moment später kann es schon passieren, daß er sich einfach dagegen sträubt, zu klettern, und statt dessen lange Umwege macht, um eine Steigung zu vermeiden. Elisabeth war also diejenige unter uns, die die größte Mühe hatte, auf diesem Gelände vorwärtszukommen.

Auf diese Weise zerstreuten wir uns und waren manchmal mehrere hundert Meter voneinander entfernt. Doch noch immer ritt Lena voraus und blieb ab und zu stehen, um unsere Namen zu rufen und zu hören, ob wir ihr noch folgten.

Jede von uns legte ab und zu eine kurze Rast ein, damit die Pferde sich nicht überanstrengten. Es war eigentlich ziemlich aufregend, so ganz allein zu reiten, auch wenn wir dauernd durch Rufe miteinander in Verbindung blieben.

Doch plötzlich wurde es dunkel!

Schwarze Gewitterwolken ballten sich am Himmel, einem Blitz folgte ein donnerndes Krachen, und dann begann es heftig zu regnen.

Lena ritt auf einen kleinen Hügel, deutete nach links und rief, so laut sie konnte: „Die ‚Graue Kate' liegt in dieser Richtung! Sollen wir weiterreiten oder hierbleiben, bis das Gewitter vorbei ist?"

Von links und rechts antworteten ihr Stimmen aus dem Wald: „Ja, wir reiten sofort hin!"

„Können wir nicht unter den Bäumen bleiben?"

„Es ist doch gefährlich, sich bei einem Gewitter unter Bäume zu stellen!"

„Noch gefährlicher ist es, auf offenem Feld zu sein."

Es donnerte bedrohlich, und die Blitze leuchteten grell am Himmel. Ich fürchtete mich nicht, wünschte mir aber doch, wir könnten so schnell wie möglich zur „Grauen Kate" reiten, damit wir ein Dach über dem Kopf hatten.

„Wie weit ist's bis zur ‚Grauen Kate'?" rief Anita, die neben einer großen Birke stand.

„Ungefähr zehn Kilometer!" brüllte Lena zurück.

In diesem Augenblick krachte es fürchterlich. Ein widerliches Zischen folgte, und vor unseren Augen zuckte blendend weißes Licht über den Himmel, die Erde schien zu zittern, und der Donner hallte gewaltig zwischen den Bergen.

Die Pferde erschraken natürlich und rasten los. Ich war völlig durcheinander und wußte sekundenlang nicht, wo ich war. Als ich jedoch merkte, wie Melissa einen bemoosten Abhang hinuntergaloppierte, fand ich meine Fassung wieder. Ich schaffte es, sie nach rechts abzudrücken und auf festeren Boden zu lenken. Dann ließ ich sie laufen, damit sie ihre Furcht loswerden konnte, und sah mich um. Lena ritt auf Charlie in wildem Galopp zum Wald, Marianne und Anita bewegten sich mit Primus und Filur im Kreis, und Ingrid lenkte Star Dust hinter Lena her. Von den anderen sah ich nichts.

Endlich verringerte Melissa ihr Tempo. Ich fragte mich, was ich tun sollte. War es besser, hinter Marianne und Anita herzureiten, oder sollte ich den gleichen Weg einschlagen wie Lena und Ingrid. Melissa nahm mir die Entscheidung jedoch ab – sie schnaubte energisch und lief dann in dieselbe Richtung wie Charlie und Star Dust. Und ich ließ ihr ihren Willen.

Ich beugte mich vor, streichelte Melissa und flüsterte ihr

beruhigende Worte ins Ohr. Sie warf den Kopf ein wenig zurück, war sonst allerdings einigermaßen ruhig und gehorchte sofort, als ich sie zügelte. Im Wald erhaschte ich einen Blick auf Ingrid, die einige hundert Meter vor mir ritt. Ich folgte ihr. Der Boden war ziemlich naß, und Melissa ging von selbst immer langsamer, um auf dem halb vermoderten Laub nicht auszugleiten, das nach diesem heftigen Regen recht schlüpfrig geworden war.

In Abständen sah ich Ingrid und Lena immer wieder vor mir und rief ihnen nach, sie sollten auf mich warten. Doch sie hörten mich nicht, und ich wagte keinen Versuch, sie einzuholen. Wenn wir Pech hatten, rutschte Melissa womöglich aus und verletzte sich.

Ich weiß nicht, wie lange ich so ritt, bis wir endlich zur „Grauen Kate" kamen. Wir mochten zwischen einer und zwei Stunden unterwegs gewesen sein. Ich war redlich müde und durchnäßt und ärgerte mich darüber, daß das Gewitter sich so hartnäckig über diesem Gebiet hielt.

Die „Graue Kate" sah bei diesem Unwetter sogar einladend aus

Die „Graue Kate" sah in diesem Unwetter direkt einladend aus. Wenn man lange genug in Sturm und Regen unterwegs ist, erscheint einem alles herrlich, was Wände und ein Dach hat!

Als ich um das alte Gebäude herumritt, sah ich, daß Lena und Ingrid bereits eingetroffen waren. Sie hatten Charlie und Star Dust an einen baufälligen Schuppen gebunden. Ich ließ Melissa ebenfalls dort zurück und ging zu Lena und Ingrid, die gerade einen Zaun reparierten.

„Wir können die Pferde hier auf die Weide lassen, wenn die Lücken geschlossen sind", sagte Lena. „Trag du unsere Packtaschen ins Haus, wir machen inzwischen weiter und binden dann die Pferde los."

Ich nickte, sattelte der Reihe nach Charlie, Star Dust und Melissa ab und verfrachtete unser Gepäck ins Haus. Es war richtig schön, endlich ins Trockene zu kommen! Auf dem Boden lag ein kleiner Stapel Heu vom vergangenen Jahr; das breitete ich aus, damit wir uns darauflegen konnten. Als ich die Rucksäcke und Taschen öffnete, stellte ich fest, daß ein Großteil unserer Sachen durchnäßt war. Ich hängte die Kleidungsstücke über einen Dachbalken und rollte die Schlafsäcke und Decken auseinander, die glücklicherweise nur an den Rändern naß geworden waren.

Gerade als ich meine Jeans auszog, kamen Karin und Anita unter lautem Gestöhne und Geseufze ins Haus und ließen sich erschöpft ins Heu fallen.

Es dauerte ziemlich lange, bis Lena und Ingrid mit dem Zaun fertig waren, und eine weitere halbe Stunde verging, ehe Marianne auftauchte.

„Himmel, es war gar nicht leicht, hierherzufinden!" sagte sie. „Ich bin ein paarmal in die falsche Richtung geritten."

„Hast du Elisabeth gesehen?" fragte ich.

„Nein."

Auch keine von den anderen war Elisabeth auf dem Weg zur „Grauen Kate" begegnet. „Sie wird sich doch nicht verirrt haben?" überlegte ich angstvoll.

„Elisabeth verirrt sich nicht!"

„Aber warum ist sie dann noch nicht hier?"

„Sie hat sich vielleicht irgendwo untergestellt und wartet, bis das Gewitter vorüber ist."

„Sie kommt bestimmt bald."

„Sollen wir ein Feuer anmachen?"

„Hier drinnen? Nein, das dürfen wir nicht! So ein altes Holzhaus brennt wie Zunder. Wenn's nicht mehr regnet, können wir im Freien ein Lagerfeuer anzünden."

„Meine Kleider sind klatschnaß."

„Mach's doch wie ich – ich hänge sie über den Balken und krieche in meinen Schlafsack."

„Jetzt esse ich ein paar durchweichte Schokoladenwaffeln – die sind zwar klebrig, aber sie schmecken prima."

Eine Stunde nach der anderen verging. Elisabeth kam nicht.

„Sie hat sich bestimmt verirrt!"

„Wenn ihr nur nichts passiert ist!"

„Wir müssen sie suchen!"

„Vielleicht liegt sie schon im nächsten Krankenhaus?"

„Wir warten noch ein bißchen..."

Eine weitere Stunde verging. Elisabeth blieb verschwunden. Die Dunkelheit brach rasch herein, und das Gewitter verzog sich. Doch noch immer ging ein starker Wind, der unheimlich durch die Ritzen des alten Hauses pfiff, während wir beisammensaßen und von Minute zu Minute ängstlicher wurden.

„Wir müssen zur Polizei gehen."

„Nein, wir warten noch. Vielleicht kommt sie gleich mit Figaro angehinkt."

„Mein Gott, ich habe solche Angst, daß ihr etwas zugestoßen ist!"

„Wir reiten los und suchen sie!"

„Und wenn sie entführt worden ist?"

„Sag so etwas nicht!"

„Wenn sie bis zwölf Uhr nicht hier ist, reiten wir los und bilden Suchtrupps."

„Wie spät ist es jetzt?"

„Halb zwölf."

Noch dreißig Minuten bis Mitternacht...

Eine aufregende Nacht in der „Grauen Kate"

Draußen war es stockdunkel. Wir knipsten unsere Taschenlampen an und richteten ihren Lichtstrahl auf die Fenster, damit Elisabeth sah, wo wir waren, falls sie in der Finsternis zur „Grauen Kate" geritten kam.

Doch sie kam nicht. Punkt zwölf Uhr sagte Lena: „Jetzt müssen wir etwas unternehmen. Ingrid, du reitest mit mir zusammen nach rechts; Karin und Anita, ihr haltet euch links. Kiki und Marianne bleiben hier."

Ich hätte mich am liebsten auch an der Suche beteiligt, doch es mußte ja auch jemand hier sein, falls Elisabeth inzwischen kam. So sagte ich nichts, sondern nickte nur.

„Wenn ihr an einem Bauernhof vorbeikommt und noch Licht seht, könnt ihr ja anklopfen und fragen, ob sie etwas von Elisabeth wissen", sagte Marianne.

„Ja, natürlich tun wir das!" versicherte Lena.

Die vier schlüpften also wieder in ihre nasse Kleidung, nahmen die Sättel und gingen zu den Pferden hinaus.

Marianne und ich blieben schweigend im Heu sitzen.

Ich spürte, wie meine Angst um Elisabeth immer stärker wurde. Schließlich konnte ich nicht länger dagegen ankämpfen und brach in Tränen aus. Da drehte sich Marianne zu mir um, und ich merkte, daß sie ebenfalls weinte.

„Stell dir vor, wenn wir Elisabeth nicht mehr finden!" schluchzte sie.

Ich hatte genau den gleichen Gedanken, sagte es jedoch nicht. Statt dessen versuchte ich, uns beide zu beruhigen, indem ich erwiderte: „Ein Pferd und eine Reiterin können nicht einfach spurlos verschwinden." Dabei gab ich mir die größte Mühe, durch das Fenster zum Wald hinüberzuspähen, doch meine Augen waren blind vor Tränen.

Die Zeit schien stillzustehen. Die Zeiger meiner Armbanduhr bewegten sich unheimlich langsam.

„Wann kommen sie denn endlich?" wisperte Marianne. „Vielleicht haben sie sich jetzt alle verirrt?"

„Nein, natürlich nicht", antwortete ich so vernünftig wie möglich, obwohl ich am ganzen Körper vor Unruhe zitterte. Wieder warteten wir; eine Stunde, zwei Stunden.

Ich sah auf die Uhr. Es war fünf Minuten vor drei.

In diesem Augenblick hörten wir Hufschlag. Wir stürzten aus dem Haus und riefen: „Elisabeth! Elisabeth!"

Aus der Dunkelheit kamen Lena und Ingrid geritten. In kurzem Abstand folgte Anita mit Karin.

„Wo ist Elisabeth?" fragte ich.

„Ist sie nicht bei euch?" erwiderte Lena entsetzt.

Wir sahen einander lange wortlos an; dann seufzte Lena und stieg vom Pferd.

Die anderen folgten ihrem Beispiel und führten ihre Ponys auf die Weide. Gemeinsam gingen wir in das alte Bauernhaus.

„Warum habt ihr nicht weitergesucht?" fragte ich.

„Wir haben schon die ganze Gegend durchgekämmt und keine Spur von ihr gefunden."

„Mein Gott, vielleicht ist sie vom Pferd gestürzt und liegt irgendwo bewußtlos mit einem gebrochenen Bein!"

„Es hat keinen Sinn mehr, in der Dunkelheit zu suchen. Unsere Taschenlampen sind ausgebrannt. Sobald es draußen hell wird, machen wir weiter. Jetzt müssen wir uns unbedingt ausruhen. Die Pferde sind auch völlig erschöpft."

Wir legten uns ins Heu, und Lena berichtete von der Suchaktion. Ich hörte anfangs zu, merkte dann jedoch, wie ich einschlief. Ich erinnere mich noch daran, daß ich leise vor mich hin murmelte: „Elisabeth ist nicht verschwunden, sie kommt bald. Elisabeth ist nicht verschwunden . . ."

Dann muß ich fest geschlafen haben, denn plötzlich fuhr ich zusammen, setzte mich auf und wußte zuerst nicht, wo ich war. In der Finsternis sah ich mich um; alle schienen zu schlafen. Doch wodurch war ich aufgewacht?

Ein Laut hatte mich geweckt – ein schwaches Seufzen und schwere, schlurfende Schritte. Nun hörte ich es wieder!

„Elisabeth!" flüsterte ich.

Keine Antwort.

„Elisabeth!" sagte ich ein wenig lauter.

Da erwachte Lena, die neben mir lag.

„Was ist los?" wisperte sie.

„Ich habe ein Geräusch gehört. Paß mal auf!"

Lena stieß die anderen an, und alle fuhren hoch. Wir lauschten angestrengt. Und dann hörten wir es wieder – ein Seufzen, schlurfende Schritte . . . Totenstille folgte.

„Ob das Elisabeth ist?" sagte ich leise.

„Elisabeth!" rief Lena.

Wir warteten auf eine Antwort, doch nichts erfolgte.

„Das war ein Gespenst!" stieß Anita hervor.

„Ich hab euch doch gesagt, daß es hier in der ‚Grauen Kate' spuken soll", flüsterte Karin ängstlich.

„Es gibt keine Gespenster", versicherte Lena.

„Sollen wir rausgehen und nachsehen?" überlegte Ingrid. Doch keiner rührte sich.

„Wir warten ein bißchen", schlug Marianne vor.

Unbeweglich saßen wir da und lauschten. Ich machte die Augen fest zu und ballte die Hände zu Fäusten. Es war verteufelt unheimlich, so im Dunkeln in einem uralten Haus zu sitzen und zu warten.

„Es war bestimmt der Wind, der diese Geräusche verursacht hat", sagte Lena nach einer Weile. „Kommt, wir legen uns wieder hin und schlafen, bis es hell wird."

Doch gerade als wir das tun wollten, polterte etwas gegen die Hauswand! Wir fuhren hoch und drängten uns vor Entsetzen dicht aneinander.

„Hier bleibe ich nicht", stöhnte Anita.

„Sei still!" zischte Lena.

„Aber dieses Gepolter . . ."

„Ruhe!"

Gleich fange ich zu schreien an, dachte ich. Schon holte ich tief Luft, da hörte ich ein vertrautes Geräusch. Ein Pferd wieherte!

„Das ist Figaro!" rief Lena.

Ich stürzte ins Freie, und die anderen folgten mir. Nicht weit vom Eingang zur „Grauen Kate" entfernt stand wirklich Figaro, und neben ihm lag Elisabeth im Gras.

„Bist du verletzt?"

„Wo bist du gewesen?"

„Ich bin so schrecklich müde!" stöhnte Elisabeth. „Helft mir ins Haus."

„Ja!" schrien wir, lachten wie verrückt und tanzten um sie herum. Dann faßten Lena und ich sie unter und führten sie in die „Graue Kate", während die anderen Figaro absattelten und auf die Weide ließen. Drinnen im Haus sank Elisabeth aufs Heu und seufzte ein paarmal schwer; dann sagte sie: „Ihr

„Elisabeth, bist du verletzt!" rufen die Mädchen ängstlich

habt doch hoffentlich nicht meine Eltern angerufen und ihnen gesagt, daß ich verschwunden bin?"

„Nein, haben wir nicht!"

„Das ist gut", erwiderte sie nur und schloß die Augen.

Die anderen kamen mit Elisabeths Gepäck und Sattelzeug herein, und wir setzten uns im Kreis um sie herum und lachten und weinten vor Freude, weil sie endlich wieder bei uns war.

„Was ist passiert?" fragten wir. „Wo bist du gewesen?"

„Ich will schlafen", erwiderte sie erschöpft.

„Nein, jetzt nicht. Erst erzählst du uns alles. Nachher kannst du schlafen, so lange du willst."

Da richtete sie sich mühsam auf, rieb sich die Augen und fing an zu berichten: „Als es so furchtbar blitzte und donnerte, drehte Figaro vollkommen durch und galoppierte wie der Teufel los. Ich konnte ihn einfach nicht mehr halten. Als ich es endlich schaffte, ihn zu zügeln, wußte ich nicht mehr, wo ich war. Ich stieg also ab und wollte ihn auf eine kleine Anhöhe führen, um mich umzusehen. Da merkte ich, daß Figaro hinkte; er hatte ein Hufeisen verloren. Zwar hatte ich eines zur Reserve dabei, aber ich konnte es nicht allein anbringen. Weil Figaro Schmerzen im Fuß hatte, traute ich mich nicht, ihn zu reiten, sondern führte ihn in die Richtung, wo ich die ‚Graue Kate‘ vermutete. Ich bin stundenlang gegangen. Dann ist es dunkel geworden, und ich hatte keine Ahnung, was ich tun sollte."

„Hast du dich gefürchtet?"

„Anfangs nicht, aber nach ein paar Stunden schon. Doch Figaro drängte sich dicht an mich und stupste mich immer wieder aufmunternd. So biß ich die Zähne zusammen und stolperte weiter. Und Figaro hinkte tapfer mit. Er ist ein wunderbares Pferd, ein besseres gibt es nicht!"

„Hast du vorhin draußen geseufzt?" fragte Anita.

„Ja, als ich die ‚Graue Kate‘ endlich erreicht hatte, war ich so erschöpft, daß ich fast ohnmächtig wurde. Ich kroch nur noch auf allen vieren weiter, weil meine Füße so schrecklich schmerzten. Als ich endlich zum Haus kam und sah, daß eure Pferde auf der Weide standen, konnte ich keinen Schritt mehr gehen. Ich legte mich einfach auf den Boden und seufzte vor Freude, weil ich es endlich geschafft hatte."

„Und wer hat so gegen die Wand gepoltert?"

„Das muß Figaro gewesen sein. Er versuchte sich loszumachen, um zu den anderen Ponys auf die Weide zu kommen. Dabei ist er wahrscheinlich gegen die Hauswand gestoßen."

„Hast du nicht gehört, daß wir nach dir riefen?"

„Nein."

Wir saßen eine Weile ganz still da.

„Wie gut, daß du hergefunden hast", sagte Anita schließlich. „Wir haben stundenlang nach dir gesucht."

Elisabeth lächelte schwach und nickte. Dann legte sie sich langsam mit geschlossenen Augen zurück, und Sekunden später schlief sie schon fest.

Wir anderen saßen noch längere Zeit da, ohne ein Wort zu sagen, sahen Elisabeth an und lächelten einander zu, ehe wir uns ebenfalls im Heu ausstreckten und einschliefen.

Eine Reittour ist das schönste Abenteuer!

Am nächsten Tag erwachten wir erst gegen zwölf Uhr. Die Sonne schien, und wir fühlten uns unerhört glücklich. Wir ließen die Pferde auf der Weide grasen, legten uns in den Schatten und hörten Elisabeth zu, die ihre Erlebnisse wieder und wieder schildern mußte.

„Wenn du unterwegs zu einem Bauernhof gekommen wärst, hättest du dann deine Eltern angerufen und ihnen alles erzählt?" fragte ich.

„Ich weiß nicht", erwiderte sie. „Aber ich glaube nicht, daß ich es getan hätte. Sonst würden sie mir bestimmt kaum erlauben, je wieder auf Reittour zu gehen."

„Von wegen Bauernhof", warf Lena ein. „Wir müssen unbedingt versuchen, jemanden zu finden, der Figaros Huf beschlagen kann. Ohne Hufeisen schafft er es nicht zurück zur Reitschule."

„Wir lassen ihn heute noch ausruhen", antwortete Elisabeth. „Das tut ihm gut, und er hat's redlich verdient."

Lena holte die Landkarte aus ihrer Packtasche und stellte fest, daß es nur wenige Kilometer von der „Grauen Kate" entfernt einen Bauernhof gab.

„Ich reite hin und frage, ob hier in der Gegend jemand ein Pferd beschlagen kann", sagte sie. „Wenn nicht, telefonieren wir nach einem Hufschmied."

Ich stand auf. „Ich komme mit."

„Dann könnt ihr auch gleich etwas zu essen kaufen", sagte Anita.

„Und Schokolade und Limonade!" rief Karin.

„Wieviel Geld haben wir noch?" fragte Ingrid.

Wir legten all unser Geld zusammen und zählten es. Es waren zweiundzwanzig Mark.

„Ich nehme es mit und kaufe dafür ein", sagte ich.

Als wir zum benachbarten Bauernhof kamen, wurden wir von einem alten Mann freundlich begrüßt. Wir fragten ihn, ob er in der Umgebung jemanden wüßte, der ein Pferd für uns beschlagen könnte. Da lächelte er uns an und erwiderte: „Ich habe jetzt selbst keine Pferde mehr, aber über fünfzig Jahre lang hatte ich welche, und ich habe sie immer selbst beschlagen. Also werd ich es wohl noch schaffen, einem Pony ein Hufeisen anzunageln!"

Wir waren hocherfreut, bedankten uns und sagten, daß wir morgen wiederkommen würden.

„Gibt es hier in der Nähe einen Laden?" fragte Anita.

„Ja, drunten an der Landstraße", erwiderte der alte Bauer. „Milch könnt ihr bei mir kaufen, wenn ihr Durst habt."

„Danke, aber wir möchten ein kleines Fest feiern, und dazu brauchen wir Limonade!" sagte ich.

„Milch ist aber gesünder."

„Ja, schon", stimmte ihm Lena zu. „Aber wenn man ein Fest feiern will, macht Limonade mehr Spaß."

„Na ja, da habt ihr wohl recht", erwiderte der Bauer lachend. „Also, ihr reitet jetzt diesen Pfad entlang und schlagt den Weg nach rechts ein, dann stoßt ihr direkt auf den Laden. Auf Wiedersehen dann, bis morgen!"

„Auf Wiedersehen, und vielen Dank!" riefen wir und ritten weiter.

Im Lebensmittelgeschäft kauften wir warmen Leberkäse, Semmeln, Hörnchen, Schokolade, Bonbons und Limonade für die ganzen zweiundzwanzig Mark.

„Stell dir vor, wenn Primus nicht gegen die Autotür geschlagen hätte, könnten wir jetzt für dreihundert Mark einkaufen!" sagte ich zu Lena.

„Ja, wenn das Wörtchen wenn nicht wär!" erwiderte sie. „Wenn Elisabeth letzte Nacht den Weg zur ‚Grauen Kate' nicht gefunden hätte, wären wir heute todunglücklich, ob mit oder ohne dreihundert Mark!"

Ich mußte zugeben, daß das stimmte.

Wir ritten also zurück und deckten gemeinsam unsere Festtafel im Gras vor der „Grauen Kate".

„Der Leberkäse ist zwar schon kalt", sagte Elisabeth, „aber schmecken tut er trotzdem."

„Ein Hoch auf unseren Ponyklub!" rief ich und hob meinen Plastikbecher mit Limonade.

Und da standen wir alle auf und ließen unseren Ponyklub hochleben.

„Sollen wir unseren Eltern erzählen, daß eine von uns sich verirrt hat?" fragte Ingrid schließlich, als wir satt und zufrieden unter einer Buche lagen.

Elisabeth schüttelte den Kopf. „Nein, wir sagen nichts davon – wenigstens nicht sofort."

„Diese Reittour werde ich bestimmt nie vergessen!" seufzte Anita.

„Ja, es war das schönste Abenteuer, das ich je erlebt habe!" fügte Karin hinzu.

„Wer weiß, was noch alles passiert", sagte ich. „Wir haben ja noch eine Nacht in der ‚Grauen Kate' vor uns. Vielleicht spukt es doch noch."

„Laß die Gespenster nur kommen, wenn sie sich trauen!" riefen die anderen. „Wir fürchten uns nicht!"

Doch in dieser Nacht kam kein Gespenst. Wir schliefen friedlich und sattelten am nächsten Morgen unsere Pferde für den letzten Tag unserer Reittour. Dann führten wir sie hinüber zum Nachbarhof, wo Figaro ein neues Hufeisen bekam, und machten uns mit frischen Kräften auf den Heimweg.

„Ob uns wohl jemals wieder etwas soviel Spaß machen wird wie diese Reittour?" sagte Lena ein wenig wehmütig, als wir uns Aspens Reitschule näherten.

„Im Ponyklub passieren doch dauernd lustige und aufregende Sachen", versicherte Elisabeth.

„Hoffentlich hast du recht", erwiderte Marianne.

Und natürlich behielt Elisabeth recht. Neue Abenteuer und lustige Ereignisse erwarteten uns. Aber davon werde ich im nächsten Buch vom Ponyklub erzählen!

Schneider Taschenbücher - das große

Monica Alm
Kiki - Spuk im Pferdestall (Band 1)

Monica Alm
Kiki - Ferien im Sattel (Band 2)

Thoger Birkeland
Frech wie Oskar - Die Chaos-Familie (Band 1)

Thoger Birkeland
Frech wie Oskar - Große Schwestern sind doof (Band 2)

Betsy Byars
Die geheimnisvolle Mondnacht

Julie Campbell
Trixie Belden und das Geheimnis des Landhauses (Band 1)

Julie Campbell
Trixie Belden auf der richtigen Spur (Band 2)

Sharon M. Hart
Die Tierfarm - Pumababys in Not (Band 1)

Sharon M. Hart
Die Tierfarm - Ein Hund braucht Hilfe (Band 2)

Margit Kollmar
Auf den Spuren der Schmugglerbande

Lesevergnügen zum kleinen Preis!

Danica Langenstein
Wanja, ein russischer Hengst

Danica Langenstein
Ein Rennpferd in Gefahr

Ann Sheldon
Lisa - Das goldene Geheimnis (Band 1)

Ann Sheldon
Lisa - Der silberne Pokal (Band 2)

Kerstin Sundh
Ein ungewöhnliches Mädchen - Ertappt? (Band 1)

Kerstin Sundh
Ein ungewöhnliches Mädchen - Zwei Mütter (Band 2)

Peter Weissflog
Der Ausreißer - Der blinde Passagier (Band 1)

Peter Weissflog
Der Ausreißer - Ihr kriegt mich nicht! (Band 2)

Victoria Whitehead
Rufus - Hexennacht und Geisterfest (Band 1)

Victoria Whitehead
Rufus - Hexerei im Klassenzimmer (Band 2)